AF359067

LES NOPCES
DE PELÉE
ET DE THETIS.

Comedie Italienne en Musique, entre-meslée
d'vn Ballet sur le mesme sujét, dansé
par sa Majesté.

A PARIS,

Chez Robert Ballard, seul Imprimeur
du Roy pour la Musique.

M. DC. LIV.

VERS
DV BALLET
ROYAL,

Auec l'Argument de chaque Scene de la Comedie,
qui donne occasion à chaque Entrée
du Ballet.

ARGVMENT.

Elée Roy de Theſſalie, amoureux de Thetis,
& trauerſé de deux puiſſans riuaux, Iupiter &
Neptune, fait en ſorte par les conſeils de Chiron, & par le ſecours de Promethée que l'vn &
l'autre ſont à la fin exclus de leur pretention.
Neptune s'en deſiſte à cauſe de ſa Vieilleſſe, &
Iupiter encore plus vieux, mais auſſi beaucoup
plus conſiderable y renonce luy meſme pour
ſon propre intereſt. Ainſi Thetis plainement
perſuadée de la conſtance & de la fidelité de ſon Amant, conſent à
l'eſpouſer, & l'on celebre le Mariage où ſe fait vn grand concours
de Dieux & de Déeſſes. Promethée qui auoit aſſez bien ſeruy en cette
occaſion pour meriter la fin de ſon tourment, s'y trouue auſſi, & ame-
ne auec ſoy les Arts Liberaux & les Mechaniques qu'il a inuentez.
La Diſcorde y fuſt bien venüe, mais elle auroit eu honte de pa-
roiſtre ſur le Theatre apres auoir eſté chaſſée de la France, & il
n'eſtoit pas à propos qu'elle vint troubler vne feſte ſi agreable.

PERSONNAGES.

<table>
<tr><td>Ceux qui Chantent.</td><td>Ceux qui Danſent.</td></tr>
<tr><td>

L'Epidan, ⎫ Fleuues de la
L'Onochone, ⎬ Theſſalie.
Iupiter.
Neptune.
Iunon.
Mercure.
Pelée, Roy de Theſſalie.
Thetis.
Chiron.
Promethée.
Chœur de Nereïdes.
Chœur de Sirenes & de Tri-
tons.
Chœur de Sacrificateurs de
Mars.
Chœur de toutes les deïtez.

</td><td>

Apollon & les neuf Muſes.
Magiciens.
Peſcheurs de Corail.
Furies de la Ialouſie
Hommes & femmes ſauuages.
Dryades.
Cheualiers de Theſſalie.
Academiſtes de Chiron.
Courtiſans de Pelée.
Petites filles de la Cour de Thetis.
Arts liberaux & ſeruiles.
Amours.
Iunon, Pronube.
Hymenée.
Hercule.
Harmonie Celeſte.

</td></tr>
</table>

PROLOGVE.

Apollon & les neuf Muses.
L'Epidan & l'Onochone, fleuues de Theſſalie.
Chœur de Nereïdes.

L'ouuerture du Theatre pareſſent Apollon & les Muſes ſur le haut de leur Montagne, & de coſté & d'autre les deux fleuues principaux de la Theſſalie, & les Nereïdes ſeparées en deux Chœurs qui loüent Apollon, & le conuient à deſcendre pour donner vn heureux augure aux amours de Pelée. Cette Montagne s'abaiſſe peu à peu, & les Fleuues & Nereïdes s'eſtant retirées, Apollon & les Muſes r'empliſſent le Theatre, & compoſent la premiere Entrée du Ballet.

PREMIERE ENTRÉE.

Apollon & les neuf Muſes.

LE ROY. *Apollon.*

M. la Princeſſe d'Angleterre, *Erato.*   Mademoiſelle de Villeroy, *Clio.*   M. la Ducheſſe de Crequy, *Euterpe.*   M. la Ducheſſe de Roquelaure, *Thalie.*   M. la Princeſſe de Conty, *Vranie.*   Madame de Monloüet, *Terpſycore.*   M. la Ducheſſe de S. Simon, *Calliope.*   Madame d'Olonne, *Melpomene.*   Mademoiſelle de Gourdon, *Polymnie.*

LE ROY, repreſentant *Apollon.*

Plus brillant & mieux fait que tous les Dieux enſemble,
La Terre ny le Ciel n'ont rien qui me reſſemble,
De rayons immortels mon front eſt couronné :
Amoureux des beautez de la ſeule victoire,
Ie cours ſans ceſſe apres la gloire
Et ne cours point apres Daphné.

I'ay vaincu ce Python qui deſoloit le monde,
Ce terrible Serpent que l'Enfer, & la Fronde
D'vn venin dangereux auoient aſſaiſonné :
La Reuolte en vn mot ne me ſçauroit plus nuire,
Et j'ay mieux aymé la deſtruire
Que de courir apres Daphné.

B

Toutefois il le faut, c'eſt vne Loy commune,
Qui veut que toſt ou tard je coure apres quelqu'vne,
Et tout Dieu que ie ſuis je m'y voy condamné :
Que mes premiers ſoûpirs vont attirer de preſſe !
Eſt-il Muſe, Reine ou Deeſſe
Qui ne voulut eſtre Daphné ?

M. la Princeſſe d'Angleterre, *Erato.*

MA race eſt du plus pur ſang
Des Dieux, & ſur nos Montagnes
On me voit tenir vn rang
Tout autre que mes Compagnes :
Mon jeune & Royal aſpect
Inſpire auec le reſpect
La pitoyable Tendreſſe,
Et c'eſt à moy qu'on s'adreſſe
Quand on veut plaindre tout haut
Le ſort des grandes Perſonnes,
Et dire tout ce qu'il faut
Sur la chûte des Couronnes.

Mademoiſelle de Villeroy, *Clio.*

AVec ces riants attraits
Et ſi jeunes & ſi frais,
Ces yeux où l'amour éclate
Et cette bouche incarnate,
Auec ce beau teint de lys
Tout nouuellement cueillis,
Où la roſe auſſi s'aſſemble,
Et qui ne ſçauroit, ce ſemble,
De cent ans eſtre effacé,
Moy qui n'eſtois rien n'aguere,
Je ne repreſente guere
L'Hiſtoire du temps paſſé.

M. la Duchesse de Crequy, *Euterpe.*

LEs bouches de la Renommée
Disent que la mienne a des traits
Que les autres n'eurent jamais,
Et soit ouuerte ou soit fermée
Qu'il faut mourir dés qu'on la voit,
Qu'elle ne peut estre décrite,
Et qu'on n'en cognoist point qui soit
Ny si rouge ny si petite :
I'ay cent attraits, mais nullement
Ie ne m'en picque, & seulement
Ie tasche à donner quelque preuue
De conduite & d'entendement,
Ce qui releue infiniment
Vne jeunesse toute neuue :
L'ennuie auec son desespoir
Au Soleil qu'elle persecute
Trouue quelque chose de noir,
Mais elle aura peine à pouuoir
Trouuer de l'ordure à ma Fluste.

M. la Duchesse de Roquelaure, *Thalie.*

IL n'est cœur ny liberté
Qui me voyant ne se rende,
Et ma beauté c'est la grande
Et la supresme beauté :
La moindre de mes œillades
Reconforte les malades
Et les remet en estat,
Mais c'est pure Comedie,
Il est bien fou qui s'y fie
Et s'arreste à leur éclat :
En des rencontres pareilles
Mes yeux disent des merueilles,
Mais qui les croit est vn fat.

M. la Princesse de Conty, *Vranie.*

LEs Astres dans leur carriere
Me le cedent du costé
De la nette pureté,
Et de la viue lumiere.

Quelle gloire ne m'est duë?
Ce port, ce teint, & ces yeux,
Monstrent que je suis des Cieux
Tout fraischemene descenduë.

Leurs aspects & les ressorts
Qui font mouuoir ces grands corps,
Tombent sous ma cognoissance :

Aussi je touche de prés
A la haute Intelligence
Qui gouuerne ces secrets.

Madame de Montloüet, *Terpsycore.*

REgardez-moy si vous l'osez,
Mortels, & ne vous abusez
En me prenant pour vne femme,
I'ay des yeux qui donnent la Loy,
Qui d'eux-mesmes & malgré-moy
Descendent jusqu'au fonds de l'ame:
I'ay de cette haute beauté
Qui sçait mettre les cœurs en flame,
Et sur tout vne Majesté
Qui prouue ma diuinité.
En moy les graces sont comblées,
Et tout cela fait decider
Que c'est à moy de presider
Aux Bals, & dans les Assemblées.

M. la Ducheſſe de S. Simon , *Calliope.*

L A beauté, ce cher threſor,
Eſt ma compagne fidelle,
Et ſi je poſſede encor
Cent choſes au delà d'elle.

Auec vn brillant éclat
J'éleue ceux que j'anime,
Et ie meſle au delicat
L'Heroïque & le ſublime.

Sans trop loüer mes appas,
Les plus beaux Romans n'ont pas
Vn ſeul Heros qui me vaille,

Et je ſuis digne de mieux,
Si l'on n'en croit à ma taille
Qu'on s'en rapporte à mes yeux.

Madame d'Olonne, *Melpomene.*

M Ille traits déliez & fins
Eſclatent deſſus mon viſage,
Tous mes regards ſont des deſtins,
Mais qui les tient à bon preſage
Pour ſa fortune n'eſt pas ſage :
Si ma douceur en met aux fers
On s'y trompe, & je ne m'en ſers
Qu'auecque tant de Politique,
Qu'enfin l'on void facilement
Qu'il faut que l'Amour & l'Amant
Chez moy faſſe vne fin Tragique.

C

Mademoiſelle de Gourdon, *Polymnie.*

SVr cent objets à la fois
Ie remporte vn grand trophée,
Bien qu'on diſe que je ſois
Muſe qui naſquit coiffée.

Apollon voit par haſard
Leurs graces comme les noſtres,
Et je penſe auoir ma part
Au rien qu'il a pour les autres.

I'ay le teint beau, les yeux doux,
Et je ſens mon origine,
La difference entre nous,
Qu'Apollon la determine.

Cela fait où je ſeray
La gloire de nos Montagnes,
Où je me conſoleray
Auec huict de mes Compagnes.

ACTE PREMIER.

SCENE PREMIERE.

Qui fait pareſtre vne Grotte ouuerte des deux coſtez.

Chiron. Pelée. Chœur müet de Magiciens.

CHiron conſeille a Pelée où d'abandonner l'Amour, où de ne point perdre l'eſperance : & luy perſuadant que la Vieilleſſe de ſes Riuaux le doit mettre à couuert de toute crainte, l'exhorte toutefois (pour s'oppoſer à la violence que Iupiter pourroit faire à Thetis) de s'en aller ſur le Caucaſe implorer le ſecours de Promethée, qui auec le feu du Ciel qu'il auoit deſrobé, en auoit auſſi emporté toutes les grandes & les ſublimes cognoiſſances, & qui d'ailleurs ſeroit aſſez aiſe d'obliger Pelée en vne occaſion où il y alloit de nuire à la paſſion de Iupiter qui luy faiſoit ſouffrir vn ſi cruel tourment. Pelée approuue le conſeil de Chiron, & auſſi-toſt les Magiciens font vn charme en dançant, & l'enleuent dans vn char volant.

DEVXIESME ENTREE.

Magiciens.

Le Comte du Lude. Les Marquis de Villequier & de Genlis
Mrs Bontemps & Cabou. Les Srs Verbec,
Baptiſte, & Lambert.

Le Comte du Lude repreſentant vn *Magicien.*

MOn cœur ſe laiſſe aiſément prendre
Par plus d'vne belle à la fois,
Et j'ay du loiſir à reuendre
Quand je n'en ayme rien que trois,
Ie pleure, je ſoûpire, & ſuis preſt à me pendre,
Puis tout à coup je diſparois.

Le Marquis de Villequier repreſentant vn *Magicien*.

LA Beauté qui me charme a de l'air du Printemps,
Nous deuons nous aymer, je ſuis fier, elle eſt fiere,
Et c'eſt aſſez le fait d'vne jeune Sorciere
Qu'vn Magicien de vingt ans.

Le Marquis de Genlis repreſentant vn *Magicien*.

QVi pourroit doûter de mon Art ?
En bon lieu mes raiſons ont aſſez d'énergie,
Et je parois beau quelque part,
N'eſt-ce pas la pure Magie ?

SCENE SECONDE.

Qui s'ouure dans la Perſpectiue ou l'on void la Mer.

Thetis. Neptune. Chœur de Sirenes, & de Tritons.
Chœur muët de Peſcheurs de Corail.

THetis paroiſt ſur vne grande Coquille conduite par vn De-my-dieu Marin, & toute enuironnée d'vn belle troupe de Peſ-cheurs de Corail : Et d'vn autre coſté Neptune auſſi ſur vne autre Coquille tirée par des Cheuaux Marins, vient dire à Thetis la paſ-ſion qu'il a pour elle : Mais comme il s'apperçoit qu'elle le meſpriſe, il l'a quitte ſoudain, ſe retire tout en colere auec ſa ſuitte, & fra-pant la Mer de ſon Tridant il eſmeut vn ſi grand orage que Thetis eſt contrainte de deſcendre à terre auec les Peſcheurs, qui eſtants bien aiſe d'eſtre eſchapez de la tempeſte font entre-eux vne dance pour taſcher de la diuertir.

TROISIESME ENTRE'E.

Demy-dieu Marin menant Thetis, ſuiuy de douze Peſcheurs de Corail.

M. le Comte de S. Aignan, premier gentilhomme de la Chambre du Roy. *Demy-dieu Marin.*

Peſcheurs

Pescheurs de Corail.

MONSIEVR Frere vnique du Roy.
Monsieur le Duc d'YorK.   Le Duc Damuille.
Le Comte de Guiche.   Le petit Comte de S. Aignan, fils.
Le Marquis de Mirepoix.
Mʳ Saintot.   Mʳ de la Chesnaye.
Les Sʳˢ Bruneau, S. Fré, Langlois, & Raynal.

Pour le Comte de S. Aignan, representant vn Demy-dieu Marin.

I'Ay dans vn si haut point mis la galanterie,
Que la Cour de Neptune en est toute fleurie,
Des nobles Paladins les hauts faits égalant:
Ie tasche à releuer leur gloire sans seconde:
    C'est la plus grand' pitié du monde
Quand on est demy-Dieu sur la terre ou sur l'onde,
    Et qu'on est que demy galand.

    Ie le suis tout à fait, ie veux bien qu'on le sçache,
Puisque c'est vn honneur, & non pas vne tache,
Qui dans le champ d'Amour m'a fait faire moisson,
Grace à l'esprit, au cœur, aux Chansons & Ballades,
    Suiuis de soupirs & d'œillades,
Ie puis mieux que personne, en parlant des Nayades,
    Dire si c'est Chair ou Poisson.

Madrigal.

POur vne Nymphe aussi belle
    Que cruelle
Ie soupire à tout propos,
Ma langueur est eternelle,
Et i'ay le mesme repos
    Qu'ont les flots.

MONSIEVR Frere vnique du Roy, representant
vn Pescheur.

DE mes fins hameçons le danger est extrême,
Et ie suis vn Pescheur plus beau que l'Amour mesme,
    Qui m'occupe & qui me plais
    A jetter ligne, & filets
    Où je voy le Poisson digne
    Des filets & de la ligne.

A beaucoup de Maris la crainte se redouble,
Que chez eux à la fin ie ne pesche en eau trouble,
Mon esprit est si bien fait,
Et i'en ay tant qu'on ne sçait
Où ie pesche & d'où ie tire
Les choses qu'on m'entend dire.

I'iray bien plus auant lors que i'auray plus d'âge,
Mais je m'exerce encor sur les bords du riuage,
Et ne commence point mal
D'aller peschant le coral
Dessus les leures vermeilles
De mille jeunes Merueilles.

Monsieur le Duc d'York, representant vn Pescheur.

*L*Oin de ne faire icy que pescher le coral,
Il faut que d'vn endroit malheureux & fatal
Que la vaste mer enuironne,
Ie m'applique en homme expert
A pescher tout ce qui sert
A refaire vne Couronne.

Le Duc Damuille representant vn Pescheur.

*A*Yant le mesme appas & le mesme hameçon
Que i'auois jeune garçon,
Rarement on s'en eschappe,
Et comme si le temps alloit à reculons,
Dieu sçait combien i'en attrappe
Auecque mes filets blonds.

Le Comte de Guiche, representant vn Pescheur.

*S*Vr de paisibles estangs
Ie fais depuis quelque temps
Mon épreuue journaliere,
Mais ie ne prends point l'essor,
Et ie n'ose guere encor
M'approcher de la Riuiere.

Le petit Comte de S. Aignan, reprefentant
vn Pefcheur.

Vbtil & droit comme vn jon,
Ie fçay pefcher à la ligne,
Et mon adreffe maligne
Embaraffe le goujon,
Quant à ces gros poiffons ie ne fçaurois qu'en faire,
Pour n'eftre pas encor tout à fait à leur point,
Et l'on feroit bonne chere
De ceux que ie ne prends point.

Le Marquis de Mirepoix, reprefentant vn Pefcheur.

Ce doux meftier ie pretends
Faire fortune auec le temps;
Car enfin toute la Science
D'vn Pefcheur fage & bien inftruit
Eft d'auoir de la patience
Et de ne point faire de bruit.

SCENE TROISIESME.

Thetis. Jupiter. Junon. Chœur muët des Furies
de la Jaloufie.

IVpiter enuironné de pompe & de majefté, defcend au milieu de l'Air
dans vne grande Nüe, & dit à Thetis toutes les chofes tendres &
paffionnées qui la peuuent obliger à l'accepter pour fon efpoux: mais
elle refufe cét honneur ne voulant point manquer de recognoiffance
enuers Iunon qui auoit eu foin de fon education, ce qui fait que Iupiter
fe refout à l'enleuer: & comme il eft fur le point d'executer fon deffein
(l'ayant des-ja mife dans vne partie de cette Nüe qui l'enueloppoit, &
commençant à luy faire perdre terre) Iunon arriue dans vn tourbillon
moins impetueux que fa colere, & apres de grands reproches (ayant
appellé à fon ayde les Furies de la Ialoufie) la Terre s'ouure & les vomit
par la gueule d'vn Monftre effroyable. A cette veüe Iupiter lafche prife,
& forcé de remettre fon entreprife à vne autre fois s'en retourne au Ciel.
Cependant les Furies toutes glorieufes d'auoir vtilement feruy au ref-
fentiment de la Déeffe, font vne dance deuant elle, apres laquelle Iunon
(ayant remercié Thetis de fa vertueufe refiftance, prend ces mefmes

Furies & les emporte dans son tourbillon pour en persecuter Iupiter jus-
ques dans son repos & dans sa gloire.

IV. ENTRÉE.

Furies.

LE ROY.

Le Duc de Ioyeuse.   Le Marquis de Genlis.   Mr Bontemps.
Les Srs de Lorge, Verpré, Beauchamp, Mollier, le Vacher,
Des-airs, Doliuet, Baptiste.

Pour le ROY, representant vne Furie.

ESuite si tu peux cette jeune Furie,
Espagne, dont l'orgueil est trop long-temps debout,
Elle te va dompter d'vne force aguerrie,
Et la torche à la main s'en va de bout en bout
Mettre le feu par tout.

Elle suit les Meschans, les presse, les opprime,
Leur fait dans ses regards lire vn sanglant decret,
Et dans le mesme instant qu'ils commettent le crime
Leur glisse dans le cœur vn eternel regret,
Comme vn Serpent secret.

Que ie voy de Beautez dont la rigueur extrême
A plus de mille Amans a causé le trespas,
Qui voudroient tout le jour, & toute la nuict mesme
Auoir cette Furie attachée à leurs pas,
Et qui ne l'auront pas.

Le Duc de Ioyeuse, representant vne Furie.

NE vous y fiez point, apprehendez mes œuures,
Ie porte sur le front vne douceur qui ment,
Et ie cache finement
Mes griffes & mes couleuures.

Le Marquis de Genlis, representant vne Furie.

I'Ay le visage doux, amoureux & benin,
Comme le doit auoir vne Furie honneste,
Peut-estre sur le cœur ay-je quelque venin,
Mais ie n'ay pas beaucoup de serpens à la teste.

ACTE

ACTE SECOND.

SCENE PREMIERE.

Qui reprefente la cime du Caucafe.

Promethée. Pelée. Chœur muët d'hommes & de femmes Sauuages.

PElée conduit par des Hommes & des Femmes Sauuages, rencontre Promethée lié fur vn rocher, auec l'Aigle qui luy ronge le cœur,
& apres auoir fait entre-eux vne legere comparaifon de leurs tourments,
Promethée l'affure que l'Oracle de Delphes auoit predit qu'il naiftroit
de Thetis vn Fils plus grand que fon Pere : qu'ainfi Iupiter (fans doute)
feroit contraint de renoncer à fa pretention, & que Mercure ayant des-
ja efté enuoyé de fa part à Iupiter pour luy donner auis de cét Oracle,
il auoit lieu d'efperer que la chofe fe termineroit à fon contentement.
Pelée s'en retourne en Theffalie extrémement confolé, & les Sauuages
(fur l'apparance que Promethée fera deliuré de fa peine, & Pelée aura
ce que fon cœur defire) ne fçauroient mieux exprimer leur allegreffe
que par vne dance.

V. ENTRE'E.

Mᵣˢ de la Chefnaye, & de Ioyeux.　Les Sᵣˢ la Marre, Monglas, Laleu,
Raynal, Roddier, *Sauuages.*

NOus faifons cas des beaux vifages
Dont nous fçauons fort bien vfer.
Et ne fommes point fi Sauuages
Qu'on ne nous puiffe appriuoifer.

E

SCENE SECONDE.

Qui découure vn Palais d'or & de pierreries.

Iupiter. *Mercure*. *Chœur muët de Dryades*.

IVpiter ſe trouue auec Mercure dans ce beau Palais qu'il auoit fait preparer au plus ſecret endroit du Caucaſe, afin d'y celebrer ſes nopces à l'inſceu de Iunon, & là ſongeant aux moyens d'y conduire la nouuelle eſpouſe, Mercure l'auertit de l'Oracle. Iupiter ſurpris, & craignant qu'il ne luy arriue en cette occaſion ce qui eſtoit autrefois arriué entre luy & Saturne : fait ceder l'amour à l'ambition & ſe retire dans le Ciel, apres auoir commandé à Mercure d'aller publier qu'il ny penſe plus, & qu'il ſe deſiſte d'vne entrepriſe trop injurieuſe à ſon authorité. Les Dryades qui comme Nymphes terreſtres auoient de la jalouſie de la bonne fortune de Thetis Déeſſe Marytime, & qui ſe tenoient aux eſcoutes pour rendre compte à Iunon de toutes les penſées de Iupiter, teſmoignent par vne dance la joye qu'elles ont de la reſolution qu'il vient de prendre.

VI. ENTRÉE,

Dryades.

LE ROY.
Les Ducs de Ioyeuſe & de Roquelaure.   Le Marquis de Genlis.
Mʳ Bontemps. Les Sʳˢ de Lorges, Des-Airs, le Vacher, Verpré, Beauchamp, Mollier, & Doliuet.

Ce ſont Nymphes qui habitent ſous l'eſcorce des Arbres.

Pour le ROY repreſentant vne Dryade.

NYmphe grande & genereuſe
Dans vn Cheſne precieux
Ie meine vne vie heureuſe ;
Ses jeunes branches des Cieux
Vont bien-toſt eſtre voiſines ,
Et ſe hauſſent à tel point
Qu'elles ne démentent point
La gloire de ſes racines.

Qui ne juge à son écorce,
Et sans plus l'aprofondir,
Quelle est sa seue & sa force,
Et comme il doit s'agrandir ?
Bien que ses rameaux soient tendres,
Qui ne cognoist qu'en effect
Il est du bois dont l'on fait
Les Cesars, les Alexandres.

Prés deicet Arbre Superbe
Tous les autres sont honteux,
Et plus humbles que n'est l'herbe
Qui croist & rampe autour d'eux ;
Aussi par son horoscope
Que les Dieux ont en depost,
Sans doute il fera bien-tost
Ombrage à toute l'Europe.

Le Duc de Ioyeuse, representant vne Dryade.

Tandis que la saison est rude
Ie m'estonne qu'on ne me suit,
Mon bois est le fait d'vne Prûde,
Il brusle, & ne fait point de bruit.

Le Duc de Roquelaure representant vne Dryade.

Tout le Monde me croit vne Nymphe gaillarde
Qui n'ay pas eu grand soin de ma pudicité,
Pour le moins de nos Sœurs ay-je toujours esté
La plus déuergondée, & la plus babillarde.

Il n'est point de forest qui ne soit indignée
Du fracas ennuyeux que j'ay fait tant de fois,
Et si tost que je hante vne souche de bois,
Il vaudroit tout autant qu'on y mit la coignée.

I'ay de la vanité, je m'emporte & dy rage
Par vn droit d'impudence à mon partage échu,
Et mesme qu'on descouure vn pauure arbre fourchu,
La malice des gens m'en impute l'ouurage.

Mais enfin mes plaisirs ne nuiront plus aux vostres,
Nymphes, r'asseurez-vous, & ne craignez plus donc,
Ie me trouue si bien de mon aymable Tronc,
Que ie veux deformais laisser là tous les autres.

Le Marquis de Genlis repreſentant vne Dryade.

VN Satyre au fond du bois
D'vne amoureuſe maniere,
Mit mon honneur aux abois,
Quand tout à coup par derriere
On vint pour le détourner,
Et m'oſter de ce martyre ;
Mais on ne ſçeut diſcerner
La Dryade du Satyre.

SCENE TROISIESME.

Qui repreſente vn Theatre, & au fond de la Perſpeƈtiue vne Statuë du Dieu Mars.

Chœur des Sacrificateurs du Dieu Mars. Chœur muët
des Cheualiers de Theſſalie.

LES Cheualiers de la principale ville de Theſſalie affligez de la cruauté de Thetis enuers leur Monarque Pelée, entreprennent vn Combat à la Barriere en l'honneur de Mars ; Cependant que d'vn autre coſté l'on fait des ſacrifices à ce meſme Dieu, afin qu'il employe ſon credit aupres de Venus pour le retour de Pelée, & pour l'attendriſſement du cœur de Thetis. A meſme temps la Statuë de Mars ayant parlé & predit toute ſorte de bon-heur, ces Cheualiers quittent leurs armes & danſent.

VII. ENTRE'E.

Combat à la Barriere, par les Cheualiers de la Theſſalie.

Le Comte de S. Aignan, *Chef des Tenans.*		M. Beaufort, *Chef des Aſſaillans.*
Tenans {	*Le jeune Beaufort.* / *S. Maury.* / *De Sens.* / *Deruille.*	Aſſaillans { *Gamard.* / *Clinchant.* / *Ourdault.* / *De Hallus.*

Pour le Comte de S. Aignan, repreſentant vn Cheualier.

LAuriers, attendez-moy, Ce combat eſt donné
Pour la gloire des fers qui me rendent eſclaue,
Et comme ie me ſens le plus paſſionné,
Il faut par conſequent que ie ſois le plus braue.

Quel ſi puiſſant effort ſoit de lance, ou de lame
Oſeroit eſperer de tenir contre moy ?
Il s'agit de prouuer que celle qui m'enflame
A le plus de beauté, Lauriers attendez-moy.

ACTE

ACTE TROISIESME.

SCENE PREMIERE.

Qui represente le Portique du palais de Thetis.

Pelée. Chiron. Chœur des Academistes de Chiron.

PElée reuenu du Caucase & ayant rencontré Chiron, se resout par son Conseil de se presenter à Thetis, & d'en venir aupres d'elle à la derniere violence des prieres amoureuses, d'autant plus hardiment qu'il se trouue fortifié de la declaration qu'a fait Iupiter de ne plus son-ger à elle. Les Academistes de ce mesme Chiron, Inuenteur & mai-stre de plusieurs differentes professions, font vne dance pour monstrer la joye qu'ils ont du retour de Pelée.

VIII. ENTREE.

Chiron Centaure, faisant danser son Academie pour le diuertissement de Pelée.

Mr Hesselin, Maistre des Academistes de Chiron.

Academistes de Chiron habillez en Indiens.

LE ROY.

Mrs Sainctot, Bontemps, & Cabou. Les Srs Mollier, Bruneau, Langlois, Beauchamp, Le Vacher, Baptiste, Doliuet, & de Lorges.

Chiron Centaure qui deuoit estre representé par Mr Hesselin.

NE vous en espouuentez pas,
D'vn homme ie n'ay rien que le corps & la teste :
N'est-on pas trop heureux quand il faut qu'on soit beste,
De l'estre seulement de la ceinture en bas ?

Ie ne m'en trouue point trop mal,
Ce prodige me sert autant qu'il me renomme,
Et i'ay souuent besoin que la moitié de l'homme
Appelle à son secours la moitié du cheual.

Lors que d'vn sens net & distinc
I'ay bien moralizé, j'abandonne l'alcôue,
Regagne l'écurie, & libre ie me sauue,
De la raison chagrine au plaisir de l'instinc.

Le Maiſtre de l'Academie, repreſenté
par Mr Heſſelin.

SI mon orgueil paroiſt c'eſt auecque raiſon,
Et j'enſeigne à des gens d'aſſez bonne Maiſon
Dont les grands biens pourroient multiplier les noſtres;
L'intereſt ne fait pas mes trauaux journaliers,
Et que je ſois payé d'vn de mes Eſcholiers,
Je feray de bon cœur credit à tous les autres.

Pour le R O Y repreſentant vn Academiſte.

CE jeune Academiſte eſt dans vne poſture
A n'apprehender pas qu'on l'eſgale jamais,
On void trop éclatter juſqu'en ſes moindres traits
Et ſa grandeur preſente, & ſa grandeur future,
A ſon noble merite vn haut éclat eſt joint,
Auſſi dans ce Chef-d'œuure accomply de tout point
Fortune a trauaillé ſur le plan de Nature.

Les fatigues du corps ſont ſes cheres delices,
Des-ja contre les ſiens vn peu trop animez
Il a battu le fer, & les a deſarmez,
Pour vn bel Auenir ce ſont de beaux indices:
Jl s'appreſte a des coups encor plus importans,
Et l'Eſpagne à ſon dam ſçaura dans quelque temps
Combien il eſt adroit à tous ſes exercices.

Jl ne ſçauroit ſouffrir que d'autres le denancent,
Soit qu'il coure, qu'il ſaute, ou qu'il monte à cheual,
Et quand il eſt paré pour la gloire du Bal
On ne s'apperçoit pas que d'autres que luy danſent:
Tout le monde le trouue adorable & charmant,
On en parle tout haut, les Dames ſeulement
N'oſent deſſus ce point dire ce qu'elles penſent.

SCENE DEVXIESME.

Thetis. Pelée. Chœur muët des Courtisans de Pelée,
& des petites filles de la Cour de Thetis.

PElée fait tout ce qu'il peut pour gagner les bonnes graces de Thetis ;
mais elle a toujours la mesme rigueur, & comme fille de Prothée se
sert du Priuilege de sa naissance, pour tromper sa poursuite par les differentes formes qu'elle prend ; toutefois il ne se rebute point & luy té-
moigne toujours autant de hardiesse que d'amour : Enfin elle se change en vn Rocher, Pelée l'embrasse & proteste de mourir plustost que de
le quitter : Thetis se rend à cette derniere espreuue, & l'accepte pour
son Mary : Toute la Cour de Pelée est dans vne allegresse nompareille,
& les Courtisans se mettent à danser.

IX. ENTRE'E.

Courtisans.

Le Duc de Candale.   Les Marquis de Villequier
& de Genlis. Le Comte.

Pour LE ROY, qui deuoit reprensenter vn Courtisan.

CE parfait Courtisan a la mine si haute,
  Qu'en le croyant vn Roy si c'est faire vne faute
  C'est conscience aussi de la vouloir punir,
  Il est jeune, il se pousse, il entreprend, il ose,
  Et n'a rien tant à cœur comme de paruenir,
      Je croy qu'il fera quelque chose.

  A son aage il possede vne charge honorable,
  Vn establissement assez considerable,
  De moins ambitieux s'en tiendroient à cela ;
  Mais à plus de grandeur sa vertu se dispose,
  L'apparence n'est pas qu'il en demeure là,
      Je croy qu'il fera quelque chose.

  Il passe d'assez loin les Titres ordinaires,
  Et seroit beaucoup mieux qu'il n'est dans ses affaires,
  N'estoit son grand procés contre vn proche parent,
  On sçait le démeslé du Lys & de la Rose,
  S'il peut venir à bout de ce vieux different,
      Ie croy qu'il fera quelque chose.

C'est le plaisir des yeux & la douleur des ames,
Tout ce qu'on voit briller de filles, & de femmes
Ont pour luy dans le cœur d'estranges embarras,
Et s'il prend quelque part à la peine qu'il cause,
Que ie luy voy tomber d'affaires sur les bras,
Ie croy qu'il fera quelque chose.

Le Duc de Candale representant vn Courtisan.

LA Cour a peu d'esclat qui le dispute au nostre,
Et sa Faueur nous garde vn assez digne prix,
Nous sommes le fait l'vn de l'autre,
Elle me rit, & ie luy ris :
D'vne felicité qui n'est guere commune,
Auecque du plaisir on deuient l'Artisan,
Lors que le Courtisan en veut à la Fortune,
Et qu'aussi la Fortune en veut au Courtisan.

Le Marquis de Villequier representant vn Courtisan.

POur arriuer à l'Amour,
Et venir à la Fortune,
La souplesse & le détour
Sont vne chose importune :
De moy j'estime beaucoup
Ce qui se fait par saillie,
Et j'ayme à voir tout d'vn coup
L'affaire faite ou faillie :
J'aurois fleschy la rigueur
D'vne autre que de l'ingrate
Qui fait ma triste langueur,
Depuis le temps que ie grate
A la porte de son cœur.

Le Marquis de Genlis representant vn Courtisan.

COmme chacun tend à ses fins,
Dans la Cour par diuers chemins
Tous opposez & tous contraires
A ce qu'on auoit projetté,
Que sçait-on si par ma beauté
Ie ne feray point mes affaires ?

SCENE

SCENE DERNIERE.

Thetis. Pelée. Chœur de toutes les Deitez. Promethée. Chœur
muet des Amours. Hercule. Hymenée. Iunon.
Personnages muets. Chœur muet des Arts
Liberaux & Mechaniques.
Harmonie Celeste.

THetis & Pelée paroissent assis sur vn haut Throsne, dont le
dessus se change en vne Perspectiue du firmament, où sont les
Amours : Et l'autre partie de la Scene se forme en vne Nuë au tra-
uers de laquelle brillent toutes les Deïtez accouruës aux Nopces. Hercule y ameine Promethée deliuré par les ordres de Iupiter. Cependant Iunon & Hymenée, accompagnez des Intelligences qui compo-
sent l'harmonie Celeste, descendent dans vne grande Machine, & tout
cela s'estant joint aux Arts Liberaux & Mechaniques, de l'inuention de
Promethée, qui les a conduits en ce lieu, il se fait vn grand Ballet à Terre tandis que les petits Amours en font vn autre au plus haut du Ciel.

DERNIERE ENTRE'E.

Arts liberaux.

Madame de Brancas. Mademoiselle de Mancini. Mademoiselle de Mortemart.
Mademoiselle de la Riuiere-Bonneüil. Mademoiselle du Foüilloux.
Mademoiselle d'Estrée. Mademoiselle de la Loupe.

Madame de Brancas, representant la Geometrie.

NOus auons tout l'éclat de la grande beauté,
Et pour mieux soûtenir le bon air & la grace,
    Vne taille sans vanité
    A pouuoir atteindre au Parnasse :
    Quoy qu'à ne vous en point mentir
Ce soit beaucoup d'honneur pour vne creature,
    I'irois jusques là sans sortir
    De ma Reigle & de ma Mesure.

G

Mademoiselle de Mancini, repreſentant la Muſique.

EN moy la grace infinie
A mille charmans threſors
Agreablement vnie,
Forme vne belle harmonie
Et de l'eſprit & du corps.

D'ordinaire je m'applique
Sur vn ton fin & mocqueur
Qui chatoüille, mais qui pique,
Et monſtre que la Muſique
N'eſt pas bonne dans le Cœur.

Mademoiſelle de Mortemart, repreſentant la Dialectique.

MA jeuneſſe, mon teint & mes regards vainqueurs
Sont de fortes raiſons qui n'ont point de pareilles,
Et de clairs arguments qui conuainquent les cœurs
Par les yeux & par les oreilles.

En toute ma perſonne il ne ſe troüue rien
Qui ne monſtre qu'enfin ie ſuis hors de ma place,
Et ne ſerue à prouuer que ie tiendrois fort bien
Mon poſte deſſus le Parnaſſe.

Mademoiſelle d'Eſtrée, repreſentant l'Aſtrologie.

IE n'ay pas mon eſprit tellement dans les Nuës
Que les choſes d'embas ne me ſoient bien cognuës,
Nature fit d'heureux efforts
En trauaillant apres mon corps,
Et me fit l'ame ingenieuſe,
Et de ſes paſſions Maiſtreſſe imperieuſe;
Mais toujours vn peu curieuſe,
Et le Ciel reſpandit tout ce qu'il a de mieux,
Et ſes dons les plus precieux
Sur vne delicate & fine Precieuſe.

Mademoiselle de la Riuiere-Bonneüil, reprefentant la Grammaire.

Sans honte on ne me peut choquer dans l'entretien ,
I'ay beaucoup d'innocence, & la pafleur chagrine
    Qu'on remarque aux gens de doctrine
Eft vne preuue en moy comme ie ne fçay rien.

    Par delà l'a,b,c, tout m'eft prefque interdit,
Il faut que ie m'en tienne aux principes vulgaires ,
      Il eft vray que ie n'en fçay gueres ,
Auffi ne m'en a t'on encores gueres dit.

    Tous ceux où la vieilleffe introduit fes glaçons ,
Deffous ma difcipline ont des peines friuoles
      Ie tiens mes petites Efcoles
Ouuertes feulement pour les jeunes Garçons.

Mademoiselle du Foüilloux, reprefentant la Rhetorique.

Sans que ie parle mefme on m'admire à la Cour ,
I'arrache tous les cœurs fi l'on ne me les donne ,
      Et ie n'ay rien en ma perfonne
      Qui ne perfuade l'Amour.

Mademoiselle de la Loupe, reprefentant l'Arithmetique.

Mes jeunes charmes quoy que fombres ,
A de pauures Amans que ie voy fanglotter ,
    Font pouffer des foupirs au delà de mes Nombres ,
    Je ne laifferois pas de les bien fupputer ,
      N'eftoit que i'en ay quelque honte,
      Et que i'en fais fi peu de conte
      Que je ne les daigne conter.

Madame de Commenge, repreſentant Iunon.

A *Voir de ce beau teint l'immortelle fraiſcheur*
Où le rouge éclatant & la viue blancheur
Des roſes & des lys vont effaçant la gloire,
Me peut-on accuſer d'auoir l'eſprit jaloux ?
Pauures Mortels, détrompez-vous,
La Fable vous en fait acroire :
La jalouſie en moy ne ſe peut ſoupçonner,
Ie n'en veux prendre ny donner,
C'eſt vne maudite graine
Qui ne fait que de la peine,
Et qui produit ſeulement
Vne ſeiche & triſte fueille,
Il faut plaindre également
Qui la ſeme, & qui la cueille.

Hymenée ou le Mariage repreſenté par le Duc de Ioyeuſe.

T *Out auſſi ſerieux que l'Amour eſt badin,*
Ie détruis le pouuoir qu'il prend dans les familles,
Madame du Puy ſçait qu'il n'eſt pas vn Blondin
Moins aſſidu que moy dans la Chambre des Filles.

Hercule repreſenté par le Duc Damuille.

E *N faueur de l'Amour dont les douces amorces*
M'ont fait de ſi grands biens & de ſi cruels maux,
I'ay pour recommencer mes penibles trauaux
Les meſmes paſſions & de pareilles forces :
Ouy, ie ſens dans mon ſein mouuoir le meſme cœur,
Ie ſens la meſme adreſſe & la meſme vigueur
Qui m'ont fait acquerir vne gloire ſi haute,
Horſmis que i'ay les pieds vn peu plus engourdis,
Et que ie ne pourrois retourner chez mon Hoſte
De la meſme façon que i'y paſſay jadis.

Mechaniques.

Mechaniques.

LE ROY.	*La Guerre.*
Le Comte de S. Aignan.	*L'Agriculture.*
De Verpré.	*La Nauigation.*
De Lorges.	*La Chaſſe.*
Le Vachet.	*L'Orfeuerie.*
Beauchamp.	*La Peinture.*
D'Oliuet	*La Chirurgie.*

Pour LE ROY repreſentant la Guerre.

NOus l'aurons cette *Paix tant de fois deſirée,*
Qui depuis ſi long-temps s'eſt au Ciel retirée,
Et la Guerre *à la fin va combler nos ſouhaits :*
Cent Oracles fameux ont predit à la terre ,
  Pour auoir vne bonne Paix ,
  Qu'il failloit vne bonne Guerre *.*

  La voicy qui s'auance , & nous eſt enuoyée
Pour impoſer des loix à l'Europe effroyée
Du cours impetueux de tant d'actes guerriers :
Elle vient dans ces lieux qu'elle va rendre calmes
  Y moiſſonner tous les lauriers ,
  Et nous laiſſer toutes les palmes .

  Orgueilleuſes beautez , cette Guerre *vous touche ,*
Et l'eau certainement vous en vient à la bouche ,
Vous vous deffendez mal contre ſes traits vainqueurs:
Malgré vos ſentiments ſi cachez & ſi doubles ,
  On void bien que c'eſt dans vos cœurs
  Que la Guerre *eſt cauſe des troubles .*

Le Comte de S. Aignan repreſentant l'Agriculture.

EN *trauaillant nuict & jour*
  Au champ de Mars & d'Amour
I'ay force gloire amaſſée :
Il eſt peu de Lauriers que je n'aye obtenu ,
  Mais la fleur en eſt paſſée
  Et le fruict n'eſt point venu.

L

Amours.

Monsieur, frere vnicque du Roy.
Le Comte de Guiche. Le Marquis de Villeroy. Le petit Comte de S. Aignan.
Le petit Raffent, page de la Chambre. Laleu, Bonart, & Aubry.

Pour Monsievr, representant vn Amour.

Qve ce jeune & ce tendre Amour
    Sera dangereux quelque jour:
Belles, vous le flatez de mesme qu'il vous flate,
Mais quand il vous caresse & que vous le baisez,
C'est vn petit Lion que vous appriuoisez
    Qui vous donnera de la pate.

    Il jouë auec vous à cent jeux,
    Touche la gorge & les cheueux
D'vne passionnée & perilleuse sorte,
Ce n'est qu'en attendant qu'il ayt tout ce qu'il faut,
Et vous ne doutez pas qu'il ne vole plus haut
    Dés qu'il aura l'aisle plus forte.

    Ie préuoy pourtant que ce Dieu
    Deuenu grand en temps & lieu,
Sçaura se dégager de vos molles caresses:
A ses braues Ayeux vn jour s'égallera,
Et d'vn cœur heroïque enfin appellera
    La Gloire au rang de ses Maistresses.

Le Comte de Guiche, representant vn Amour.

Tous ces Amours que je voy
    D'vne beauté singuliere
Ne sont rien au prix de moy,
Soit en feu, soit en lumiere:
Ie découure qu'en effét
Ie suis vn Amour tout à fait,
Et je n'y prenois pas garde:
Mais las! quand je me hazarde
A faire reflexion
Dessus ma condition
Au sortir de mon enfance,
A moy-mesme je me nuis,
Et par malheur je commance
A sentir ce que je suis.

Le Marquis de Villeroy, repreſentant vn Amour.

POur écouter je me gliſſe,
Sçachant bien que c'eſt touiours
Le fait des petits Amours
De ſonger à la malice.

Pour le petit Comte de S. Aignan repreſentant
vn Amour.

S'Il eſt auſſi diſcret que ſa Mere eſt diſcrette,
Il haïra fort la fleurette :
Mais s'il tient de celuy qui luy donna le iour,
Ie penſe que cét Amour
Aura bien quelque amourette.

Pour le petit R aſſent, repreſentant vn Amour.

TOus nos talants ſont diuerſifiez,
Et chacun a ſes graces naturelles :
Pour moy, comme vous le voyez,
En attendant qu'il me vienne des aiſles
Ie m'eſcrime aſſez bien des pieds.

F I N.

Ce qui ſuit eſt la Comedie Italienne, traduite en vers François par
vn autre que par celuy qui a fait ceux du Ballet.

LE NOZZE
DI PELÉO
E DI THETI.

Commedia.

LES NOPCES
DE PELÉE
ET DE THETIS.

Comedie.

PROLOGO.

Appollo, e le Muse nel Monte Pierio. Due Chori
di Nereïdi su le Riue dell' Epidano, e dell'
Onochono Fiumi di Thessaglia.

Li 2. Chor.  *Del Ciel viuo Tesoro*
D'ogni ben Nume fecondo
Allegrezza del Mondo
E vincitor dell'ombre in armi d'oro;
Trà l'Aonie Sorelle
Non sei men chiaro no, che trà le stelle.
Mà scendi anchor quà giu
A Festeggiar trà noi
Tanto trionfi tù
Da gl' Esperi à gl'Eoi.
Deh lieto augurio dà
All' amor di Peléo,
La cui fede potrà
Far i Dei suo Trofeo.
Alle leggi d'amar'
Per eterni costumi
Soggetti humili al par'
Sono i mortali, e i Numi,
E quando è giust' Amore
Si si cede ogni preggio à vn vero ardore.

ATTO PRIMO.

SCENA PRIMA.

Chirone. Peléo. Choro muto di Maghi.

Ch. **D**Eh lascia le pene.
Pel. **D**E come farò?
Ch. O segui la spene.

PROLOGVE.

Apollon & les Muſes ſur le Mont Piereide.   Deux
Chœurs de Nereïdes ſur les riues de l'Epidan
& de l'Onochone, fleuues de la Theſſalie.

Chœurs des Nereïdes.

Hreſor viuant des Cieux diuinité feconde
Qui donne la lumiere & tant de biens au monde,
Sçache qu'enuironné de ces aymables ſœurs
Tu ne charmes pas moins ny les yeux ny les cœurs
Qu'alors que de la nuiƈt rompant les ſombres voiles,
Ta diuine ſplendeur obſcurcit les eſtoilles.
Grand Dieu, deſcends en terre & ne deſdaigne pas
De venir prendre part aux plaiſirs d'icy bas ;
A l'Hymen de ce Roy donne vn heureux augure,
De ce Roy dont la flame eſt ſi belle & ſi pure,
Que ſans honte elle peut s'expoſer à tes yeux
Et ſe voir preferer aux feux meſmes des Dieux.
Des juſtes Loix d'Amour l'eternelle puiſſance
Fait des hommes aux Dieux fort peu de difference,
Et ſouuent à l'éclat d'vne vaine grandeur
Prefere vne conſtante & legitime ardeur.

ACTE PREMIER.

SCENE PREMIERE.

Chiron.   Pelée.   Chœur des Magiciens.

Chiron.

Vitte de ton amour les inutiles ſoins,
Eſpere dauantage ou bien ayme vn peu moins.

Pel. *E come potrò?*
Se soura il mio core
Bellezza ch' è immensa.
Hà l'onnipotenza
De fati, e d'amore,
Se à ciò che più fieri
Sian sempre i miei mali
Mi trouo riuali
I Numi più alteri:
Trà queste Catene
Che scampo da i guai
Che lampo giamai
Di bene vedrò?

Ch. *Deh lascia le pene.*
Pel. *E come farò?*
Ch. *O segui la spene.*
Pel. *E come potrò?*
Ch. *Odi, alfin con le Donne in van presume*
Canuto amante, e sia ben' anche vn Nume,
E però di Nettuno
D'Anni ricco non men che di Tesori
Non ti faccian geloso i freddi amori,
Ne di Gioue dirrei, se tù di lui
Pauentar non douessi
Più ch' il merto subline
E le solite frodi, e le rapine,
Mà se brami da queste
Vtilmente schermirti: Ecco quei Maghi
Che ti faran con incantato volo
Gir à Prometheo, la cui mente ardita
Come tanto sagace, e à Gioue auuersa
Sola può darti in si grand' vopo aita.
Dunque t'appiglia al mio conseglio, e poggia
Sù gl' eccelsi confini
Dello scita, e del l'Indo e non tardare
Ch' ogni indugio potrìa
Rendersi à te cagion d'eterni danni
Non son d'amor fregio superfluo i vanni.

Pel. *Eh, che all' alto viaggio io ben m'affretto,*
Mà quand' anche m'arrida in ciò fortuna
Nulla deuo sperar, che nel suo petto
Troppo rigor la bella Theti aduna.

Pelée.

Pelée.

Helas! ce que tu veux est hors de ma puissance,
Pourrois-je voir Thetis auecque indifference?
Elle que mon destin, l'amour & sa beauté
Font regner sur mon cœur auecque authorité;
Et quelque ambition qui s'éleue en mon ame,
Puis-je du moindre espoir entretenir ma flame?
Quand aupres de Thetis pour augmenter mes maux,
Les deux plus grands des Dieux deuiennent mes riuaux.

Chiron.

Croy-moy, quelque grandeur dont vn amant se vante,
S'il n'a plus de jeunesse il n'aura plus d'amante:
Neptune est Roy des eaux, mais cette dignité
Tentera foiblement vne jeune beauté,
Qui s'armant contre luy de rigueurs obstinées,
Plustost que ses thresors contera ses années,
Et fera bien-tost voir que c'est mal à propos
Que ses froides amours ont troublé ton repos:
Et mesmes Jupiter de qui la concurrence
Te donne tant d'ennuis & t'oste l'esperance,
Deuroit estre de nous aussi peu redouté,
Si plus que son merite & que sa Majesté
Tant d'exemples recens de rapt & d'injustice,
Ne faisoient craindre en luy la fourbe & l'artifice:
Mais pour en garentir l'objet de tes amours
Ces doctes Enchanteurs viennent à ton secours;
Par leur Art vne nuë entre les airs portée,
Te conduira bien-tost vers le grand Promethée,
Qui contre Iupiter, dont il est mal traitté,
T'aydera volontiers en cette extremité.

Pelée.

J'iray: Mais quand le sort me seroit fauorable,
Thetis demeurera toujours inexorable.

Ch. *Quand' honesta beltà*
Fiera si mostra ad amator che prega
Non è sempre crudeltà,
Spesso cela il desio di quel che nega
Che può legge d'honore
Forzar la lingua sì, mà non già il core.

Pel. *Oh se per me potesse*
L'afflitto mio pensiero
Creder ciò mai per vero,
Gioirian nel mio sen le pene istesse.
Pur sia ciò che dispone
Il mio crudel, ma non però men caro
Amoroso destin, quel fin, ch' io bramo
Gioia è tant' infinita
Che diffonde ne mezzi anchor che vani
Smisurata dolcezza, & à seguirli
Con forza ineuitabile m'inuita.

Ch. Pel. *Ne la speme ne l'ardire*
Mai non perda un amor vero
Il soffrire è un gran sentiero
Ch'alfin poi mena à gioire,
Spesso troua un cor piu fido
Più difficil la merce,
Mà nel Regno di Cupido
L'impossibile non v'é.

Ch. *Vanne dunque felice*
Chi sa? che la tua fede
Dar non si possa un dì gl' istessi vanti.
Pel. *Sù, sù, dunque à gl' incanti.*

Chiron.

Quand aux vœux d'vn Amant vne chaste beauté
Refuse vne faueur auec plus de fierté,
Elle cache souuent (en soy-mesme confuse)
Vn desir violent du bien qu'elle refuse,
Et cette dure loy que l'on appelle honneur
A pouuoir sur sa langue & non pas sur son cœur.

Pelée.

Que j'aurois de plaisir au fort de mes souffrances
Si j'osois conceuoir ces douces esperances!
Mais quoy qu'ait resolu mon destin amoureux,
Ce destin qui m'est cher, bien qu'il soit rigoureux,
La glorieuse fin où mon desir aspire
A pour moy tant d'appas, & sur moy tant d'empire,
Qu'elle rend agreable & me force à chercher
Ce qui mesme sans fruict semble m'en approcher.

Chiron & Pelée.

Amour ne veut pas qu'on se lasse
D'entreprendre ny d'esperer,
Ce n'est qu'à force d'endurer
Que l'on en obtient quelque grace:
Quelque-fois vn fidele amant
Voit long-temps à ses maux sa maistresse insensible;
Mais il peut à la fin trouuer vn bon moment :
En amour rien n'est impossible.

Chiron.

Va, malheureux Amant, nous verrons quelque jour
Vn semblable succés couronner ton amour.

Pelée parlant aux Magiciens.

Je vais donc me seruir du secours charitable
Dont vous daignez ayder vn Prince miserable.

SCENA SECONDA.

Theti.   Nettuno.   Choro di Tritoni e Sirene.
Choro muto di Pescatori di Coralli.

Cho.di Trit. e Sir.   *A Tanto splendore*
Ch' in mole
D' ardore
Quest aria cangiò
Non arda chi può,
Mai pompe si rare
Ne l' Alba ne il sole
Sù l' Mare
Spiegò.
A tanto splendore
Non arda chi può.

Nett. *Ahi, che non v' è riparo, io bene il prouo*
Ch' in questi humidi campi
Correndo in van per mio soccorso ì Fiumi,
Al foco di quei lumi
Fors' è ch' ad onta di tant' onde auampi.
Mà Theti ah come sei
Per te folle non men, che per mè cruda,
Rifiutar l'Hymenei
Del più ricco de Numi
Entro al cui vasto, e pretioso impero
Nascono i più bei freggi
Onde beltà s'adorni, e nulla preggi?
Di regnar sù quest' acque
Doue la Dea d'amor subdita nacque?

Thet. *Spunta l'Alba in Oriente,*
Trà tesori, e lieti canti,
E pur pallida, e languente
Si disfa' sù i fiori in pianti
Mà dite perche?
In si lieta sorte
Il duol non affrena?
Perche vecchio consorte il Ciel gli diè
Et à cor mal contenta il tutto è pena.

Neptune.

SCENE SECONDE.

Thetis. Neptune. Chœur de Tritons & de Sirenes.
Chœur de pescheurs de Corail.

Chœur de Tritons & de Sirenes.

DE tant d'esclat, de tant d'ardeur
Qui nous esclaire & nous estonne,
Et met en feu tout l'air qui l'enuironne,
Qui pourroit garentir son cœur ?
Jamais le Soleil ny l'Aurore
N'étalerent dessus nos bors
De si magnifiques thresors,
Soit que le jour finisse ou commence d'éclore,
De tant d'éclat de tant d'ardeur
Qui pourroit garentir son cœur.

Neptune.

Helas ! je le sens bien, en vain pour me defendre
Du feu de ces beaux yeux qui mettent tout en cendre,
Viennent à mon secours & fleuues & ruisseaux,
Ie me sens embraser au milieu de leurs eaux :
Mais toy qui contredis à ce que je desire,
Sçais-tu que je suis Roy d'vn riche & vaste Empire ?
Où partageant mon sceptre & mon authorité,
Tout ce qui peut seruir à parer la beauté
Et ce qui des humains fait toute l'opulence,
Seroit, si tu voulois, soufmis à ta puissance.
Tu peux regir en Reine vn estat florissant
Dont la Mere d'Amour fut sujette en naissant :
Et ta rigueur enfin n'est pas moins ennemie
De ta propre grandeur que de ma juste enuie.

Thetis.

L'Aurore pour monter dessus nostre horison
Sort en grand appareil de sa riche maison,
Mille chans d'allegresse honorent sa venuë ;
Mais dans la pourpre & l'or dont elle est reuestuë,
Chaque jour pasle & triste elle arrouse de pleurs
La terre qui luy rit, les herbes & les fleurs ;
Et dans ce grand éclat ce qui fait sa tristesse,
C'est du jaloux Titon l'humeur & la vieillesse,
Et qu'vn cœur malcontent au milieu des plaisirs
Sent croistre sa douleur & naistre des soupirs.

C

Nett. *Dunque il cener del crine*
Fia dannoso all' ardor, che porto in seno?
E di mia speme il verde ah verrà meno
Sol perche sparso è di canute brine?
Eh, che quando il cieco Duce
Pone il foco à un giouin petto
Vi produce
Grand' arsura, e poco affetto.
Mà dou' è maggiore
Il senno e l' età
S' appigliarsi amore
Misura non ha.

Thet. *Ingegniosa ragione*
D' accorto amante in cui sia già sfiorita
L' amorosa stagione.
Fece il Ciel sol per Amor
La ridente Giouentù
E fè pur scender quà giù
Sol per lei quel dolce ardor,
Altr' età non s' inganni
Che d' amor non haurà se non gl' affanni.

Nett. *Ah perfida t' intendo*
Per qualch' altro tuo Vago
Ch' è su'l fiorir ancor tù mi rifiuti.
A che restar più muti?
Austri, Aquiloni, e voi più auuersi venti?
Vnite i vostri gridi a i miei lamenti
E voi che più tardate à vendicarmi
Neghittose tempeste?
Dall' algose cauerne vscite à noto
E le fauci spumanti
Spalancate in voragini funeste,
E con vrli, e con fremiti sbandite
Dal mieo Regno quest' empia; ah non conuiene
Che qui si soffra in pace vna sleale
Che m' accende nel Cor guerra mortale.

Chor. *Ninfa ingrata*
Ben ti stà
Adorata
Cosi fai?
Chi sà poi forse chi sà?

Neptune.

Dans le feu violent dont je reſſens l'outrage,
On ne remarque rien des froideurs de mon aage :
L'amour aux jeunes cœurs donne ordinairement
Pour vn peu d'amitié beaucoup d'emportement :
Mais quand d'vn trait perçant ce petit Dieu nous bleſſe,
Nous en qui l'aage meur augmente la ſageſſe,
Nos vœux ſont plus ſoûſmis, plus diſcrets, plus ardents,
Et noſtre foy conſtante à l'épreuue du temps.

Thetis.

Par quel adroit diſcours tu deffens ta vieilleſſe !
Pour les plaiſirs d'Amour le Ciel fit la jeuneſſe,
Et ce fut ſeulement pour la jeuneſſe auſſi
Qu'Amour quitta le Ciel & deſcendit icy.
Quiconque entreprendra d'aymer en vn autre aage,
N'aura jamais d'amour que les maux en partage.

Neptune.

Perfide, je t'entens, vn plus jeune que moy
T'oblige à meſpriſer mon amour & ma foy.
Venez, vents; Haſtez-vous, tempeſtes furieuſes,
A vanger voſtre Roy vous eſtes pareſſeuſes :
Sortez de vos cachots, & faites que ces mers
Monſtrent en vn inſtant mille gouffres ouuers :
Que de vos ſiflemens le murmure terrible
Rempliſſe de frayeur cette Nymphe inſenſible,
Et banniſſe bien loin de ce vaſte élement
Celle dont la rigueur me traite indignement :
Laiſſerez-vous en paix cette ame criminelle
Qui ſuſcite en mon cœur vne guerre mortelle ?

Chœur de Tritons & de Sirenes.

O vous Nymphe qui jeune & belle
Faites maintenant la cruelle,
Et de qui la folle rigueur
Rebute l'offrande d'vn cœur ;
Quand vous meſpriſez qui vous ayme,
Sçauez vous que peut-eſtre vn jour
Vous aymerez à voſtre tour,
Et qu'on vous traitera de meſme.

Dispreggiata
Adorerai;
Lasciate i pianti
Scherniti amanti
E sia da voi crudel beltà negletta
Seruirà di remedio , ò di vendetta.

SCENA TERZA.

Theti.   Gioue.   Giunone.   Choro muto di Furie
della Gelosia.

Thet. *PEr lo scampo dall' ire*
       Del procelloso mar gioiste assai
       Hor perch' io meglio vdire
       Possa vn pensier , che fauellando meco
       Ad ogn' altro pensier spesso m'inuola
       Lasciatemi qui sola,
       Che sarà di tè mio core?
       Ahi ch' amore
       Gia ti pon l'insidie ohimè
       Che sarà di tè mio core
       Che sarà di tè?
       E gli ha seco altieri vanti
       Preghi e pianti
       Vezzi, & armi d'ogni sorte.
       Pur tù sei di lui piu forte
       Ma se à lui s'vnisce, oh Dio ,
       Vn desio, ch' in questo seno
       Di ragion stancando il freno
       Debil rende il tuo valore
       Che sarà di tè mio core?
Giou. *E che mi val' il Ciel senza il mio bene?*
       Come tal' hora in ottima sostanza
       Degenerar in pessima si vede
       Cosi pur anche in sù l'eterea stanza
       Con prodigio amoroso hoggi succede
       Che le beate gioie
       Per mè cangiate in noie
       Sian peggio assai delle tartare e pene
       E che mi val' il Ciel senza il mio bene?

Vous

Vous, Amans, quittez voftre deüil,
De ces beautez plaines d'orgueil
Mefprifez l'injufte puiffance :
Que l'Amour cede à la raifon,
Vous trouuerez voftre vengeance
En cherchant voftre guerifon.

SCENE TROISIESME.

Thetis.   Iupiter.   Iunon.
Chœur de furies.

Thetis.

C'Eft affez, mes Amis, laiffez-moy je vous prie,
Ƨ M'entretenir icy dedans ma refuerie.

Les pef-
cheurs fe
retirent.

   Helas ! que feras-tu, mon cœur,
Amour tafche de te furprendre ?
Comment te pourras-tu deffendre
Contre ce Dieu toujours vainqueur ?
Rien n'eft efgal à fa valeur,
Il a de toutes fortes d'armes,
Des pleurs, des prieres, des charmes,
Helas ! que feras-tu, mon cœur ?

Mais plus que fes appas & plus que fa puiffance
Ie crains qu'auecque luy def-ja d'intelligence
Quelque defir ardent ait pris place chez toy,
Qui s'y rende le Maiftre & te donne la loy.

Iupiter.

   Que me fert de regner en ce celefte Empire,
Si ie ne puis joüyr du feul bien où j'afpire ?
Dans la gloire des dieux & leurs contentemens
Mon cœur ne trouue plus qu'ennuis & que tourmens,
Et Monarque du Ciel au milieu des delices
I'efprouue des Enfers les plus rudes fupplices :

D

E tu sola, ò bella Theti,
Fai soggetto à tal suentura
Chi suol dar legge à i Pianeti,
E può solo il tuo sembiante
Far veder' in tant' arsura
Fulminato il Dio tonante.
Mà vieni, omai deh vieni
A ricondur sù queste sfere il riso,
A rauuiuar le gioie in Paradiso.
Vieni Bella.

Thet. *O questo nò.*

Gio. *Vieni à parte del mio Throno*
Ch' Imenèo già t' offre in dono
Quell' Impèro, ch' amor ti destinò,
Bella vieni.

Th. *O questo nò.*
Non sia per sort' alcuna
Ch' io sia mai si rubbella
Ch' oltraggi renda al Talamo di quella,
Che già gratie versò sù la mia Cuna.
Più tosto gradirei gir nell' Inferne
Regioni di morte, ou' arde Pluto,
Che le delitie eterne,
S'ingrata hò da goderle, io le risiuto.

Gio. *E per lieue rispetto*
D'immaginate leggi haurò à s'offrire,
Che sia schernito il mio diuino affetto?
E ch' io contr' ogni legge habbia à languire?
Ah che la forz' è d' vopo
Per leuar me d'affanni, e te' d' errori
Che dia rimedio, e fine
Alle tue scuse insieme, e à i miei dolori,
Nembi rapite.

The. *Ohime.*

Gio. *Chi l'alma.*

The. *Ahi.*

Gio. *Mi rapi?*

The. *Ahi chi' m' aita?*

Gio. *E chi?*
Ti può ritorre à mè?

Et toy seule, ô Thetis! rends sujet à ces maux
Vn dieu dont tous les dieux ne sont que les vassaux;
Et tu peux faire voir en mon ardeur extrême
Que qui lance la foudre est foudroyé luy-mesme:
Viens rendre aux Cieux, viens rendre à mon cœur agité
La joye & le repos que tu leur as ôté:
Viens au Ciel partager ma gloire & ma couronne,
Et consens qu'aujourd'huy le Dieu d'Hymen te donne
Ce haut rang qu'en secret mon amour & ma foy
Auoient depuis long-temps jugé digne de toy.

Thetis.

Ie conserue, Seigneur, trop de recognoissance
Des bontez dont Iunon honora mon enfance,
Pour oser maintenant par vn lasche attentat
Enuahir à ses yeux son lict & son estat;
Et je fuy la grandeur ou ta faueur m'appelle,
Si je n'en puis jouyr qu'ingrate & criminelle.

Iupiter.

Vn pretexte leger d'imaginaires loix
Fera donc mespriser mon amour & mon chois:
Pour te desabuser & me tirer de peine,
Il faut vser de force ou la raison est vaine.

Thetis.

A mon secours, Pescheurs,

Iupiter.

Nymphe, qui des humains
Seroit assez puissant pour t'oster de mes mains.

Giu. *Ah perfido così*
Mancarmi ogn' hor di fé?
Ah poich' in Ciel non trouo
Ne pietà ne giuſtitia apreſi il ſuolo,
E vomiti l'Abbiſſo in mio ſoccorſo
Di ſcatenate furie horrido ſtuolo.
Sù, sù, di Geloſia Moſtri accorrete,
E ſe per colpa di coſtui mai ſempre
Mi rinouaſte al cor doglia infinita
Porgetemi vna volta
Contro di lui vendicatrice aita.

Gio. *Adio cara Beltà*
Dolce mia Theti, adio,
Jo parto Jdolo mio
Mà non ti laſcio già.

The. *Sol pietà chiedo, o Diua, e non perdono,*
Che ſuenturata sì, mà rea non ſono.

Giu. *Ne crime, ne ſuentura è mai d' vn' alma*
Trar da pugna maggior più nobil Palma.

The. Giu. *Grat' affetto,*
Jn gentil petto,
Vero preggio è di virtù
Che qual' hor delle gratie è pur rifleſſo
D'ogni Teſor val piu,
E ſol di lui s'appaga il Ciel' iſteſſo.

ATTO SECONDO.

SCENA PRIMA.

Peléo.   Prometeo.
Choro muto d' Huomini, e Donne
ſaluatici.

Peléo.

OH *Prometeo infelice*
Qual ſei di mie ſuenture
Somiglianza dolente.
Pro. *Ahi chi ciò dice?*
Pel. *Peléo Ré di Teſſaglia*
Che te ne falli, e nelle pene aguaglia.

Iunon.

Iunon.

Perfide, quoy toujours quelque intrigue nouuelle
Soüille de noftre hymen l'alliance immortelle ?
Si le Ciel & les Dieux en mon affliction
Demeurent fans Iuftice & fans compaffion :
Sortez, horribles fœurs, du profond des abifmes ;
Venez me fecourir & vanger tant de crimes :
Toy terreur des humains de qui cent fois mon cœur
Pour cet ingrat efpoux efprouua la fureur ;
Ialoufie, vne fois à mes defirs propice,
De ce grand criminel viens me faire Iuftice.

Iupiter.

Digne objet de mes vœux, belle Thetis, adieu
Ie te quitte ; mais croy qu'en partant de ce lieu
Mon efprit amoureux malgré ta refiftance,
Se flattera fouuent de ta douce prefence.

Thetis.

Déeffe j'ay befoin de ta compaffion
Plus que de ta clemence en cette occafion,
Et quoy qu'ait entrepris ton efpoux infidelle,
Ie me croy malheureufe & non pas criminelle.

Iunon.

Sortir d'vn tel combat auec tant d'honneur,
Ne fe doit appeller ny crime ny malheur.

Thetis & Iunon.

L'ornement des grands cœurs c'eft la recognoiffance,
C'eft des hautes vertus la digne recompence,
C'eft pour tant de bien-faits verfez à plaine-mains,
Ce que les immortels demandent aux humains.

ACTE SECOND.

SCENE PREMIERE.

Pelée. Promethée.
Chœur d'Hommes & de Femmes fauuages.

Pelée.

HElas ! que dans ton fort, malheureux Promethée ;
L'infortune où ie fuis eft bien reprefentée !

Promethée.

Qui me tiens ce difcours ?

Pro. *Dal sole ahi troppo audace il foco io presi.*

Pel. *Et io di Theti à i rai l'anima accesi.*

Pro. *Mercè di Gioue.*

Pel. *E sua merced' ancòra.*

Pro. *Me traffigge con doglia ogn' hor più ria*
Questo vorace augel.

Pel, *Mà Gelosia.*

Pro. *Mi per tè pur s'aggira*
Qualch' aura di speranza.

Pel. *E donde spira?*
Pro. *Di quà.*
Pel. *Come?*
Pro. *(Ahi dolor)*

Pel. *Stratij crudeli*
Tanta tregua à lui date
Ch'almen qualche conforto à me riueli.

Pro. *Di Maia al figlio (ahi ahi)*
Si fatte Note hor hora
Della Cortina Delfica narrai ,
Che già credo il Tonante
Ambitioso al fin viè più,ch' amante.
Riniega la Beltà che l'innamora.

Pel. *E sè ciò fia mi basta.*
Spera cor mio deh spera
Che Donna ancor che fera
Se da vn solo è seguita in van contrasta.

Pro. *Sì,sì, torna colà*
Doue lasciasti il core
E trouerasti pietà
Nell' imprese d'amore
Chi sà piangere à tempo oh quanto fà.

Pel. *Deh che ti renda il Ciel*
Mercè di tal ristoro.

Pelée.

        C'est Pelée, c'est moy,
Qui pour auoir autant ou plus osé que toy
Suis aussi tourmenté d'vn semblable supplice.

Promethée.

Moy, par vn sacrilegé & dangereux caprice
J'ay pris des feux sacrez du bel Astre du iour

Pelée.

Des beaux yeux de Thetis, moy i'ay pris de l'amour.

Promethée.

Le puißant Iupiter irrité de mon crime
M'a fait de cét oyseau l'éternelle victime.

Pelée.

Son amour que ie crains autant que son courrou
M'a fait bien plus de mal en me faisant ialoux.

Promethée.

Encor en ton malheur ie voy quelque esperance.

Pelée.

Qu'elle est-elle ?   Promethée.

        Mercure, ah !

Pelée.

        Cruelle souffrance
Donne à ce malheureux au moins aßez de temps
Pour pouuoir reueler ses secrets importans :
Dis donc ?   Promethée.

        Je viens d'aprendre vn Oracle à Mercure
Qui te mettra bien-tost en meilleure posture :
Ton superbe Riual vaincra sa paßion,
Sçachant qu'elle peut nuire a son ambition.

Pelée.

Si ce discours est vray, que la pitié t'inspire,
Ie verray quelque iour la fin de mon martire :
Car vne femme, enfin, qui n'a qu'vn seul amant,
Pour fiere qu'elle soit s'en deffend vainement.

Promethée.

Thetis à ton abord va mettre bas les armes ;
Va te plaindre à ses pieds, va les baigner de larmes :
O. Dieux ! qu'vn peu de pleurs (à qui prend bien son temps)
Pour attendrir vn cœur sont des charmes puißans.

Pelée.

Que des Dieux immortels l'adorable Iustice
Daigne recompenser ce charitable office.

Pro. *Forse ch'al mio martoro*
Sarrà pur men crudel.

Pro. Pel. *Speme pietosa, e cara*
Come sei dolce (oh Dio)
Tù fai porre in oblio
Ogni sorte più amara,
E a te si chiud' Auerno
Per non scemar di duolo.
Ch'à vn tuo respiro solo
S'addolciria, s'ammorseria l'Inferno.

Pel. *E voi, che quà mi foste amiche scorte,*
Già che ne cor, benche seluaggi, il varco
Alla pietà de nostri guai cedete,
Delle nostre speranze anche godete.

SCENA SECONDA.

Gioue.   Mercurio.   Choro muto di Driadi.

Gioue.

QVal fù l'Oracol dunque? Onde pauenti,
Ch'io soggiaccia per Theti à gran periglio.
Mer. *D'Appollo in Delfo tali fur gl' accenti,*
Fia del Padre maggior di Theti il Figlio.
Gio. *Et ardiriano i Fati*
Qual già propitij, hor meco auuersi, & empi
Rinouar di Saturno in me' gl' esempi?

Mer. *Ciò che Prometeo, & altri à mè narraro*
Non è meno infallibile, che chiaro.
Gio. *Dunque che far degg' io? lasciar d'amare?*
O lasciar di regnare?
Mer. *Qual è più tuo desire*
Dominare, ò seruire?
Gio. *D'amor la seruitù*
D'ogni impéro val più,
E l'amoroso ardore
Ah che più d'ogni ben contenta vn core.

Prome-

Promethée.

Peut-estre satisfait apres tant de douleur,
Le Ciel me va traitter auec moins de rigueur.

Pelée & Promethée.

Charme des plus grands maux, secourable esperance,
Qui suis les malheureux auec tant de constance,
Et leur fais oublier leur tourmens & leurs fers,
Les Dieux auec raison t'ont fermé les Enfers :
Car d'vn soufle éteignant les flammes eternelles
Tu rendrois le repos aux ames criminelles.

Pelée parlant aux sauuages.

Et vous qui prenant part à mon triste soucy,
Auez eu la bonté de m'amener icy,
Prenez part maintenant à la réjoüyssance
Que me cause des-ja cette douce esperance.

SCENE DEVXIESME.

Iupiter.   Mercure.   Chœur de Driades.

Iupiter.

Q*Vel est donc cet Oracle ? & pourquoy Iupiter*
Des nopces de Thetis doit-il tant redouter ?

Mercure.

Voicy les propres mots : Belle Thetis espere,
Que ton fils deuiendra plus puissant que son pere.

Iupiter.

Le destin croiroit donc qu'il luy seroit permis
De m'abbatre du throsne où luy-mesme m'a mis,
Et par vne entreprise impie & temeraire,
Renouueller en moy l'exemple de mon Pere.

Mercure.

Cet Oracle est de Delphe & sans obscurité.

Iupiter.

Mercure, que ferais-je en cette extremité ?
Dois-je perdre Thetis, ou perdre ma couronne ?

Mercure.

De ce doute, Seigneur, souffrez que ie m'estonne,
Seruir ou commander ?   #### Iupiter.

Ouy, Mercure, il vaut mieux
Obeïr à Thetis, que commander aux Dieux,
Et ces aymables maux où l'Amour nous expose,
Valent mieux que les biens dont le destin dispose.

F

Mer. *Son follie de mortali;*
    Che per scherzar con le miserie loro
    Di finto ben van mascherando i mali.
    Mà tu, che sù le sfere
    Signoreggi le vere
    Felicità, deh non voler soffrire
    Ch' vn Fanciul menzognier te pure inganni,
    E trà le proue sue vanti i tuoi danni.
    Quando Theti à te manchi
    Mancan Diue per far cambio più degno
    Di più leggiadro aspetto, e più gentile?
    Mà sè per lei del Ciel tu perdi il Regno,
    Doue più trouerai scettro simìle?

Gio. *Saggiamente fauelli*
    Onde il mio cor benchè mal volontieri,
    Forz'è pur che consenta a i tuoi pensieri.

Mer. *Ne da tè si potrìa*
    Sperar' in tal' ardor contento alcuno;
    Mentre del pari ò disdegnosa, ò ria
    Ti fugge Theti, e ti persegue Giuno.
    E poi per vn' Marito,
    Che d'altro stral che d'Jmenèo ferito
    Porti pur' altra al piè dura catena
    Vna Moglie gelosa è vna gran pena.

Gio. *È ver, ne ben sicuro*
    Son da sue furie in sì romìta parte.

Mer. *Certo, per ritrouarte*
    Ella già scorre i luminosi giri,
    E turba tutt' il Ciel co' suoi sospiri.

Gio. *Vanne dunque, e palesa*
    Il cangiato desio da polo a polo
    Vanne veloce.

Mer. *Io volo.*

Gio. *Driadi belle festeggiate.*
    La mia noua libertà;
    Sù scherzate, sù danzate,
    Ch' il mio cor pur così fà
    Per l'insidie c'hà scampate
    D'empio destino, e di crudel Beltà.
    Driadi belle festeggiate
    La mia noua libertà.

Mercure.

Ces discours aux mortels, doiuent estre permis,
Qui pour charmer les maux ausquels ils sont soûmis,
Leur ont donné du bien le nom & l'apparence;
Mais toy, qui du vray bien te vois en joüyssance,
Faut-il qu'Amour te trompe? & soumis à ses Loix
Veux-tu voir ta deffaite au rang de ses exploits?
Quand tu perdrois Thetis, qui te paroist si belle,
On en peut rencontrer qui te plairont plus qu'elle;
Tant de Nymphes, Seigneur, & de diuinitez,
Estalent à tes yeux de plus grandes beautez:
Mais helas! si tu pers ce sacré diadesme,
Où pourras-tu jamais en trouuer vn de mesme?

Iupiter.

Ton discours est prudent, & quoy qu'auec douleur,
Il faut à tes raisons assubjetir mon cœur.

Mercure.

Et ie ne sçay d'ailleurs comme iroient tes affaires,
Pendant qu'esgalement à tes desirs contraires
Et Thetis & Iunon se voudront accorder,
L'vne à se bien deffendre, & l'autre à te garder:
Pour vn mary galand, qu'on le fuye ou qu'on l'ayme,
Vne femme jalouse est vne peine extrême.

Iupiter.

Ie ne le sens que trop, & mesme en ce desert
Des fureurs de Iunon me tiens mal à couuert.

Mercure.

Sans doute elle te cherche, & ses plaintes ameres
Auront des-ja du Ciel troublé toutes les Spheres.

Iupiter.

Va donc par tous les Cieux publier promptement
Quel est de mes desirs le subit changement.
Va. Mercure.

Seigneur, j'obeïs.

Iupiter.

Dans le plaisir extrême
Que ie sens d'estre libre & maistre de moy-mesme,
Et d'auoir esuité par vn coup genereux
D'Amour & du destin le dessein dangereux:
Auec vos chants, vos jeux, vos ris & vostre dance,
Driades, prenez part à ma réjouyssance.

SCENA TERZA.

Choro di ſacerdoti.   Choro muto di Caualieri
gioſtranti.

Choro di ſacerdoti.

NVme altero
D'ogn' Jmpèro
Forte origine, e ſoſtegno
Dalla Diua à cui ſol cedi
Jntercedi
Che Peléo torni al ſuo Regno,
Deh non ſia giamai mancante
Tuo fauor à vn Duce amante;
Mà Guerrieri ſe bramate
Far più grate
Queſte voci, incenſi, e fochi
Aggiungete a i ſacrifici
Voſtri vffici
Con formar bellici giochi,
Delle trombe vdite i carmi

Si Gioſtra.   *Sù Guerrieri all' armi all' armi*

Vno del Chor. de Sacerdoti.

Mà fermate, fermate,
Iſoliti preludij, ecco già ſento
Di qualche lieto Oracolo. Aſcoltate.

L'Oracol. Torna il Ré di Theſſaglia al fin contento.

Ch.di Sacerd. *Oh Nouella*
Per noi bella
Più d'ogni altra felicità,
Dolce più del miele Ibléo.
Tornera dunque Peléo,
E Teſſaglia reſpirerà:
O Nouella
Per noi bella
Più di ogn' altra felicità.

SCENE TROISIESME.

Chœur de Sacrificateurs.   Chœur de Cheualiers.

Chœur de Sacrificateurs.

PVissant Dieu de la guerre, arbitre des combats,
Toy dont la main conserue & donne les estats,
Fais que cette beauté qui fleschit ton courage,
Cette seule Déesse à qui tu rends hommage,
Bien-tost de nostre Roy par vn heureux retour
Finisse le voyage & couronne l'Amour:
L'on pourroit t'imputer a defaut de puissance,
Qu'vn guerrier amoureux languit sans assistance:
Mais, braues Champions, pour rendre plus heureux
Nos vœux & nos Autels, nostre encens & nos feux,
Qu'en l'honneur de ce Dieu vostre adresse guerriere
S'exerce en sa presence au combat de barriere.

L'on combat.

Vn des Sacrificateurs.

Nostre Dieu va parler, & ce bruit que j'entens
Est vn heureux presage : Escoutez, Combatans.

La Statuë de Mars.

Vos vœux sont exaucez, & bien-tost vostre Prince
Reuiendra satisfait gouuerner sa Prouince.

Chœur de Sacrificateurs.

O jour cent fois heureux ! Pelée reuiendra,
Son estat languissant enfin respirera.

G

ATTO TERZO.

SCENA PRIMA.

Peléo. Chirone. Choro muto di Accademici
di Chirone.

Pel. PEr chi parte dal suo bene
  Troppo rapide son l'hore
  A portarlo ne i tormenti,
  E per chi torna al suo amore
  Affrettato dalle pene
  Sono secoli i momenti.
  Ha più affanni chì hà più speme,
  Chì più gode ahi che più teme
  Ond' è vn istesso fato, e vn destin solo.
  L'essere amante, e condannato al duolo.

Ch. Credea co' miei Compagni
  Riuederti giocondo, e ancor ti lagni?
  Hor che vinti in fermezza i Dei Riuali
  Nell' amoroso agone
  Vnico, e sol campione
  Sei già vicino à trionfar de mali
  Tù pur t'affligi? ah prendi ardire, e tenta:
  Non arride fortuna a chi pauenta.

Pel. Tal' hor sono i miei spirti arditi, e lieti;
  Mà si cangian ben poi, che mi souuiene
  Quai sian le tempre ohime del cor di Theti.

Ch. T'inganni, all' hor ch' intese,
  Che tù lasciato il Regno e i patrij liti
  Giui sotto lontan barbaro Cielo
  Disperato, e dolente
  Scompagnato, e rammingo
  Ricercando al tuo mal qualche soccorso.

ACTE TROISIESME.

SCENE PREMIERE.

Pelée. Chiron. Trouppe des disciples de Chiron.

Pelée.

VN *Amant sur le point de quitter sa Maistresse,*
Trouue que le temps coule auec trop de vitesse,
Et l'emporte trop tost, à ce triste moment
Où doit finir sa joye & naistre son tourment :
Mais apres les ennuis d'vne fascheuse absence,
Si d'vn heureux retour il conçoit l'esperance,
Alors inquieté d'vn desir violent
Il reproche au Soleil que son cours est trop lent.
Il est toujours en trouble, & son ame incertaine
Auecque son espoir sent augmenter sa peine;
Plus le bien qu'il possede a pour luy de douceur,
Plus il pense à sa perte & plus il a de peur :
Enfin qu'il ait l'Amour contraire ou fauorable,
Quiconque dit Amant dit toujours miserable.

Chiron.

Apres auoir vaincu ton malheur & les Dieux
Ie te croyois content autant que glorieux,
Et loin de te voir gay de ta bonne fortune,
Ie te trouue saisi d'vne crainte importune :
Pelée, asseure-toy, tout respond à tes vœux,
Vn homme qui craint trop est rarement heureux.

Pelée.

Il est de bons momens où s'armant de constance
Mon cœur bannit la crainte & reprend esperance;
Mais pensant aux froideurs que Thetis a pour moy,
Ie quitte mon espoir & reprens mon effroy.

Chiron.

Que tu la cognois mal ! Lors qu'elle fut instruite
De ton soudain départ ou plustost de ta fuite;
Quand elle sceut que triste & pressé de ton mal
Tu quittois tes subjets & ton païs natal,
Et qu'errant sans amis en des terres loingtaines,
Tu cherchois vn remede à tes cruelles peines,
Quelque dessein qu'elle eut de cacher sa douleur,
Son front nous la fit voir en changeant de couleur;

D'vn pietoso pallore ella sì tinse
E giurarei, che dalle labbra al core
Qualch' incauto sospiro ancho respinse.
Vanne tenta cò preghi,
Che da douero ella ti creda amante,
E vincerai l'impresa.
Donna che crede à chi l'adora è presa.

Pel. *Sento da tuoi consigli*
Non men, che da tant' altri
D'Amor, e di Fortuna
Fauoreuoli aspetti,
Inspirarmi nel sen si viuo ardire,
Che voglio alfin vedere
S' io sò farmi felice, ò pur morire,
Dou' e dunque colei
Ch' in mio soccorso inuoco?

Ch. *Tu non rauuisi il loco?*
Nella sua Reggia sei.

Pel. *A cercarla men vò per quà d'intorno.*

Ch. *E questi miei fra tanto*
Studiosi seguaci
Con già disposte danze
Faran festoso applauso al tuo ritorno.

SCENA SECONDA.

Theti.   Peléo.   Choro muto di Cortigiani
di Peléo.

Theti.

*A*Mor se nel pio petto
Vuoi com' amico entrar metti giù l'armi,
Vieni in pace à bearmi
Et io t'accetto;
Mà se d'affanni empir pensi il cor mio,
Adio crudele, adio.

Pel. *Dunque, Theti, vie più*
Crudele empia sei tù
Che ne dai tanti à mè.

Ie vis qu'à ce recit ses yeux tout pleins de charmes
Auoient bien de la peine à retenir leurs larmes,
Et j'oserois jurer que cent fois sa pudeur
Estouffa les soupirs qui partoient de son cœur :
Va, ne perds plus le temps ; ce qui te reste à faire,
C'est de persuader que ta flamme est sincere :
Car vne femme enfin resiste rarement
A celuy qu'elle croit son veritable Amant.

Pelée.

La Fortune & l'Amour par tant de bons presages,
Ioints à tant de conseils si prudens & si sages,
Inspirent à mon cœur vn dessein genereux,
De mourir promptement ou de me rendre heureux.
Courrons donc à l'objet qui cruël ou propice
Doit ou finir mes jours ou finir mon supplice.

Chiron.

Peux-tu bien mescognoistre vn lieu qui t'est si cher?
Te voila dans sa court.

Pelée.

Ie vais donc la cherther.

Chiron.

Cependant cette trouppe à danser toute preste
De ton heureux retour va celebrer la feste.

SCENE SECONDE.

Thetis.   Pelée.   Trouppe de Courtisans.

Thetis.

A Mour, si comme amy tu veux entrer chez moy,
    I'y consens, mais pose les armes ;
  Fais-moy gouster en paix tes douceurs & tes charmes :
    Mais si pour viure sous ta loy
  Il faut souffrir se plaindre & respandre des larmes,
    Adieu, cruel, retire-toy.

Pelée.

Peux-tu parler ainsi, toy qui bien plus cruelle,
Fais si long-temps souffrir vn Amant si fidelle.

H

Th. *Ohimè.*

Pel. *Che temi?*

Th. *Ohimè.*
Già da lunge per tè
Guerra assai vigorosa Amor mi fà,
Vanne pur dunque, và,
Che troppo è d'assalirmi ancho d'appresso,
Amerei lo confesso.

Pel. *E tant' eccede, (oh Dio) tua ferità?*
Che mi cangi in tormenti i più penosi
Quei sensi anchor pietosi
Che per farmi felice Amor ti dà?
E tant' eccede (oh Dio) tua ferità?
E poi, deh, contro chi?
Contro vn tuo vero amante
Di cui fedele al par, ne sì costante
Altri mai non languì.

The. *L'amoroso veleno*
Che cresce à tai lusinghe entro il mio seno
Ahi, che giunto è fin quì.
Mà folle? io che giurai
Di non amar giamai.
Io che fei delle Nozze
Di due Numi sì grandi
Generoso rifiuto, hor cederò?
Nò.

Pel. *Deh mio ben.*

The. *Nò, nò,*
Parti dunque, e mi lascia.

Pel. *Ah più non fià*
Ch' io ti lasci vn momento, anima mia,
D'affanni, ò di contenti
Che tù mi carchi, io non mai satio, ò stanco
Ti seguirò meco portando intorno
J contenti, e gl' affanni
Pompe di tua bellezza, e di mia fede,
E sarò pago à pieno,
Di baciar l'orme sol del tuo bel piede.

The. *Sè riparo non trouo*
Da sì gradite violenze io pero;

Thetis.

Ah!

Pelée.

que crains-tu?

Thetis.

Tout loin que tu fusse de moy,
Amour dedans mon cœur n'a que trop fait pour toy,
Et lors que son pouuoir croistra par ta presence,
Pourray-je resister à tant de violence?
Retire-toy d'icy.

Pelée.

Quel exces de rigueur?
Quoy donc, ce qui deuroit establir mon bon-heur,
Et ce qu'en ma faueur le Dieu d'Amour t'inspire,
Par vn contraire effet augmente mon martyre?
Ah! sçais-tu que celuy que tu traites si mal
En sa fidele ardeur n'a iamais eu d'esgal?

Thetis.

Ces discours obligeans ces marques de tendresse,
Ces plaintes, ces soupirs augmentent ma foiblesse;
Je sens que c'en est fait, & que des-ja mon cœur.
A receu ce poison charmé de sa douceur.
Mais n'ais-je pas juré de n'aymer que moy-mesme?
Moy que l'amour des Dieux ny leur grandeur supresme
N'ont peu faire resoudre à rompre ce serment,
Puis-je pour vn mortel changer de sentiment?
Non, non, en vain pour toy l'Amour me sollicite:
Va,   ### Pelée.

mon vnique bien, que jamais je te quitte!

Thetis.

Va, dis-je, laisse-moy; tu me suis vainement.

Pelée.

Ie ne puis desormais te quitter vn moment,
Que tu me sois propice ou me sois inhumaine,
Ie porteray content ou ma gloire ou ma peine,
Et pour faire admirer ton merite & ma foy,
J'iray baisant tes pas sans me plaindre de toy.

Thetis parle bas.

Contre vne violence où je treuue des charmes,
Si je suis sans secours je vais rendre les armes:

Amerò dunque? ah nò' non fia mai vero;
Mà scampo haurò nella virtù, che trassi
Da Proteo il Genitor, è in tante forme
Pur io mi cangierò, che s' ei non vole
Amar le fere, e i sassi
O fia che mi smarrisca, ò che mi lassi.

Pel. *Che mormori crudel? deh cangia omai*
    Tanta tua rigidezza:
      E Deità d' Jnferno empia bellezza.
Th. *Odi; co' tuoi lamenti*
    Mi rendi alfin pietosa.

Pel. *Oh cari accenti.*
Th. *Quind' è che palesarti hor mi conuiene*
    Ch' altro non è ch' inganno
    La cagion di tue pene.

Pel. *E che dir vuoi?*
    Temo l'inganno sol ne detti tuoi.
The. *Tu m'adori, Peléo, perche mi credi,*
    Qual' apunto mi vedi
    Ninfa bella, e leggiadra, & io non sono
    Ch' vn feroce leone, vn mostro horrendo,
    Vn durissimo scoglio.

Pel. *Ohime, che fai?*
The. *Attendi sol che questa*
    Folta nebbia mi cinga, e lo vedrai.

Pel. *Doue sei bella Theti?*
The. *Eccomi.*

Si cangia
in Leone.   Pel. *Ahi, ahi*
    In sembiante si fiero
    Altro non si ranuisa
    Ch' il tuo spietato orgoglio, e se in tal guisa
    Pensi darmi spauento è van pensiero.
    Che non teme il morire
    Chi senza speme in miserabil' sorte
    Jn perpetuo languire
    Soffre vna vita assai peggior, che morte.
    Mà per pietà riprendi
    La tua forma primiera.

Mais pour m'en garentir en ce besoin preſſant
I'vſeray des ſecrets que j'appris en naiſſant,
Et par cet Art fameux que je tiens de Protée,
Me couurant à mon gré d'vne forme empruntée,
J'eſloigneray de moy cet Amant dangereux,
S'il n'ayme les rochers & les monſtres affreux.

Pelée.

Que me prepares-tu ? change d'humeur, cruelle.
Thetis.
Enfin, mon cœur ſe rend.
Pelée.

          Agreable nouuelle.
Thetis.
Ie te veux deſcouurir, pour preuue de ma foy,
Vn ſecret qui t'importe & qui fait contre moy;
C'eſt que le faux eſclat d'vne belle apparence
Te trompe en ma faueur & cauſe ta ſouffrance.
Pelée.
Ie crains d'eſtre trompé, mais c'eſt par tes diſcours.
Thetis.
Prince, quand tu me fis l'objet de tes amours,
Tu croyois que je fuſſe vne Nymphe agreable ;
Mais ſçache que ie ſuis vn Monſtre eſpouuentable.
Pelée.
Helas ! que me dis-tu ? que veux-tu faire ?
Thetis.

          Attens
Que j'entre en ce nuage, & puis voy ſi je ments.
Pelée.
Où fuis-tu, belle Nymphe ? Arreſte.
Thetis.

          Me voicy.

Pelée.

Dans ce Lion affreux qui me paroiſt icy,
De ton cruel orgueil je cognois la peinture ;
Mais crois-tu m'eſtonner auec cette impoſture ?
Non, cruelle Thetis, non, ne le penſe pas,
Quiconque eſt ſans eſpoir eſt ſans peur du treſpas ;
Et pour te dire plus, la mort meſme a des charmes
Pour qui vit comme moy de ſoupirs & de larmes ;

Il paroiſt
vne nuë.

La nuë
diſparoiſt
& Thetis
demeure
changée
en Lion.

I

Si cangia
in vn Mo-
ſtro.

Ohime? qual mi ti rendi?
Queſt' è del tuo rigor l'imagin vera
Pur ne tema, ne horrore
Può dar qualunque aſpetto in cui tù ſia,
Che non può Theti mia ſpirar ch' amore.
Coſì pur ogni ſpoglia in cui ripoſta
Fia, ch' io ti creda, adorerò qual ſegno
Di tua beltà naſcoſta
Ch' occhio mortal di vagheggiarla e' indegno.
Anzi ch' a queſt' ancòra
Maggica nebbia, che qual ſacro velo
Ti cela à me cò ſuoi sì ſpeſſi giri
Faran diuoto oſſequio i miei ſoſpiri;
Mà com' auuien, ch' io ti riueda?

Th. Oh Dio
Che di larue feroci armata, e cinta
Non hò poi cor di Fera;
Onde già la tua fè quaſi m' hà vinta.

Pel. Quaſi? Oh voce crudele
Che ſol tanto di vita
Rende al cor moribondo
Che baſta à far più longo il mio morire,
E che m' inalza al Ciel d'ogni gioire
Perch' io ricada ne miei guai più al fondo,
Mà bella e chi reſiſte?
Con tal perfidia al tuo pietoſo affetto?

Thc. Dir nol ſaprei, tanto confuſe, e miſte
Son le voglie diſcordi entro il mio petto
Tal' hor penſo d'amarti,
E riſoluo fuggirti;
Mà non sò poi laſciarti,
E molto men ſeguirti:
Tal' hor nel ſen mi trouo
Vn rinaſcente ardore;
Mà l'ammorza il rigore
E in vn medeſmo inſtante
E condanno, & approuo
Non men l'eſſer crudel, ch' eſſere amante.
Onde non sò che ſia
Quel ch' il mio cor più brama.

Mais de grace reprens ta premiere beauté.
Dieux! sous ce nouueau Monstre on voit ta cruauté:
Quelque déguisement que ta rigueur inuente,
Ie n'en prendray jamais d'horreur ny d'épouuante;
Mon cœur qui te cognoist sous ces masques affreux,
Loin d'en estre estonné r'allume tous ses feux,
Et void auec respect ces despoüilles horribles,
Qui de tes traits cachez sont les signes visibles:
De ces traits dont l'esclat digne de nos Autels
Ne peut à descouuert estre veu des mortels.
Mais te reuois-je? ô Dieux! & par quelle aduenture?

Elle se change en Monstre.

Thetis.

De ces Monstres cruels dont i'ay pris la figure,
Que ne pouuois-je encor emprunter la fureur?
Ie ne suis quasi plus maistresse de mon cœur.

Peléc.

Quasi: Banis ce mot contraire à mon enuie,
Et dont le sens fascheux ne m'a laissé de vie
Que ce qu'il en falloit pour mourir plus long-temps:
Le plaisir imparfait dont il flatte mes sens,
Loin de donner la paix à mon ame incertaine,
Ne fait que redoubler mes desirs & ma peine:
Mais qu'est-ce qui s'oppose à ton affection?

Thetis.

Ie ne sçay, mon esprit est en confusion,
Cent contraires desseins tour à tour y paroissent,
S'y destruisent l'vn l'autre, & sans cesse y renaissent;
Tantost ma vertu cede à des pensers plus doux,
Puis bruslant à la fois d'amour & de courroux,
Dedans le mesme instant & j'approuue & je blasme
L'exces de ma rigueur & celuy de ma flame,
Ta rencontre me plaist & ie veux l'esuiter,
Ie ne te veux pas suiure & ne te puis quitter,
Et mon cœur inquiet en ce cruel martyre
Ne sçait quel mal il craint ny quel bien il desire.

Pel. *Lo sò ben io.*   The. *Di pur.*

Pel. *Ch' ami chi t'ama.*

The. *Ohime che troppo è vero anima mia.*

Anima mia? tal suono ha dunque espresso

Questa lingua? ella errò, mà però è degna.

Di scusa, ch' errò seco il core anch' esso.

E così à poco à poco

Cado sotto l'impero

Di quel nemico Arciero

Che per comun esempio

Quanto fui più ritrosa

Tantò farà di me più crudo scempio?

Ah che periglio estremo

Vuopo hà d'egual difesa, ah sì ch' io voglio

Per non vdir più lagrimosi prieghi

Cangiarmi in duro, & insensato scoglio.

Pel. *Ohimè, ch' io ti riperdo, ohimè che fù*

Più forte in te' il rigor, che la pietà

Et il Ciel sà, se ti vedrò mai più.

Oh pretioso scoglio oue si cela

D'amor tutto il tesoro,

Pompa del mio martòro,

Paragon di mia fede,

Memoria di mie pene,

A piè di cui si vede

Naufraga la mia spene.

Se posson l'onde in tenerire i sassi,

Ah che pur' il mio pianto

Haurà teco tal vanto;

O resteran mai sempre

Le mie ceneri sparse in questo loco

Intorno à te, che chiudi il mio bel foco.

The. *Amor difendere*

Dà te quest' alma

Io più non sò,

Ne più contendere

A te la Palma

Non voglio nò;

Vanta pur tù

Superbo Arcier

Trà le tue glorie

Mià seruitù.

Peléc.

Pelée.

Ie sçay bien ce qu'il veut :

Thetis.

Qu'est-ce donc, dis-le moy ?

Pelée.

Il se voudroit donner à qui n'ayme que toy.

Thetis.

Chere ame, il est trop vray. Chere ame ! suis-je folle ?
Ma langue as-tu bien pû former cette parole ?
Ouy, ma langue a failly ; mais bien peu, si mon cœur
Du crime qu'elle a fait est l'excuse & l'Autheur.
Helas ! dedans ce cœur, Amour des-ja le maistre,
Voulant donner exemple & se faire cognoistre,
Aura pour le punir autant de cruauté
Que pour luy resister il eut de fermeté :
Cet extreme peril veut vn remede extreme ;
Doncques pour ne plus voir vn homme qui nous ayme,
Et faire que ses pleurs ne nous puissent toucher,
Par vn dernier effort changeons-nous en Rocher.

Pelée.

Ah ! Thetis, ah ! cruelle, à peine t'ay-je veuë,
Que tu te pers encore en cette obscure nuë ;
Ta rigueur a banny tous ces doux sentimens
Dont tu m'auois flatté durant quelques momens.

Elle entre
encore
dans vn
nuage.

Elle paroist changée en Rocher.

Escueil du Dieu d'Amour le thresor & la gloire,
Des maux que j'ay souffers glorieuse memoire :
Helas ! que tu m'es cher, mysterieux escueil,
Où ie pers mon espoir, & trouue mon cercueil :
Toy, dont la fermeté paroist inébranlable,
Que tu figures bien ma constance immuable ;
Mais sçache que les pleurs que mes yeux verseront,
Quelque dur que tu sois, enfin t'amoliront.

Thetis.

Le Rocher disparoist & l'on reuoid
Thetis.

Amour, ie me rends, ie suis prise,
Ie consens de suiure tes Loix,
Ioins si tu veux à tes exploits
La gloire de m'auoir soubmise ;

Che solo in ver
Da tue vittorie
Saluo sen và
Chi cor non hà.
Tropo il tuo ardore, e la tua fè potèo
Eccomi tua Peléo.

Pel. *Ah ch' al mio cor doue improuisa arriua*
Allegrezza si bella
Corre cò sensi miei la voce anch' ella;
Onde non sò ridìre
Il mio immenzo gioire.
Mà voi serui fedeli.
Che giungete opportuni à riuedermi
Nel più felice stato
Al qual dal centro di penose noie
Mai s'inalsasse vn core innamorato.
Deh gioite festosi alle mie gioie.

SCENA VLTIMA.

Theti. Peléo. Prometeo. Choro di Deità. Choro muto
di Hercole, Giunone, Imeneo, & Arti
liberali, e Seruili.

The. e Pel. *ECco del pari i nostri petti ardenti.*
Pel. *Tù la fierezza.*
The. *E tù le pene.*
The. e Pel. *Oblia.*
Pel. *Non più rigori.*
The. e Pel. *Nò.*
The. *Non più lamenti.*
The. e Pel. *Temp' e sol di contenti anima mia,*
Temp' e sol che tra di noi
Si garreggi di costanza.
Pel. *Ogni bene.*
The. *Ogni speranza.*

The. Pel. *Fian per me gl' affetti tuoi;*
Poi che sol nel nostro ardore
Ah che versò quant' hà di dolce amore,
E alle nostre allegrezze
Vengono i Dei per imparar dolcezze.

Ie puis l'auouër sans rougeur,
Puisque pour garder sa franchise
Deuant vn si charmant vainqueur,
Il faudroit n'auoir point de cœur.
La crainte à tes desirs ne sera plus meslée,
Ton amour a vaincu, je suis à toy, Pelée.

Pelée.

Ah! l'exces du plaisir qui surprend tous mes sens
M'en interdit l'vsage & les rend languissans;
Ma voix s'en affoiblit, & ma langue muëtte
A peine en peut donner vne idée imparfaite:
Mais vous, mes chers subjets, publiez le bon-heur
Où m'esleue Thetis apres tant de douleur.

S C E N E   D E R N I E R E.

Thetis. Pelée. Promethée. Chœur de Dieux. Chœur des Arts.
Chœur d'Intelligences.

Thetis & Pelée.

DEssous les mesmes loix & dans les mesmes flames,
Amour brusle nos cœurs & captiue nos ames.

Pelée.

Oublie ton orgueil.

Thetis.

Oublie tes douleurs.

Pelée.

Nimphe, perds ta rigueur.

Thetis.

Prince, taris tes pleurs.

Thetis & Pelée.

Donnons-nous aux plaisirs, disputons de constance.

Pelée.

Desormais tout mon bien.

Thetis.

toute mon esperance.

Pelée.

Mon vnique desir,

Thetis.

Ma seule ambition

Thetis & Pelée.

Sera dans la douceur de ta possession,
Puisqu'Hymen & l'Amour à nos desirs propices
Ont versé dessus nous ce qu'ils ont de delices,
Et les Dieux admirans nos plaisirs amoureux
Viennent apprendre icy ce que c'est qu'estre heureux.

Pro. *Ecco oh Peléo*
Che pur t'auuolse
Jmeneo trà cari lacci,
E che me da fieri impacci
Jl valor d'Hercole sciolse,
Onde meco con queste
Che son della mia mente
Dotte figlie, & industri
Vien' il gran semideo
Per festeggiar in così nobil campo
La tua prigion insieme, & il mio scampo.

Cho. de Deità. *Quei che languiscono*
Al fin gioiscono
E d'ogni gran rigor
Al fin trionfa Amor.

The. Pel. Pr. *Non lascia mai*
Il Ciel quà giù
Sempre trà guai
Vera virtù;
Mà per lei fà,
Ch' ogni più fiera
Auersità
Sià di beate gioie ampia miniera.

F I N E.

Promethée.

Pelée vois l'effect de nostre destinée
Dans ce jour fortuné que le Dieu d'Hymenée
T'engage heureusement dedans ses doux liens,
Le puissant bras d'Hercule a sceu rompre les miens,
Et pour nous voir heureux apres tant de souffrance,
Suiuy de tous les Arts ce demy-Dieu s'aduance,
Et vient pour celebrer auec solemnité
Le iour de ta prison & de ma liberté.

Chœur des Dieux.

Ceux qui semblent estre la proye
Des ennuis & de leur malheur,
Voyent enfin à la douleur
Succeder la paix & la ioye,
Et l'Amour souuerain des cœurs
Surmonte auec le temps les plus grandes rigueurs.

Thetis, Pelée, Promethée.

Des iustes immortels l'equité souueraine
N'abandonne iamais la Vertu dans la peine :
Elle veut seulement que son aduersité
Luy serue de passage à la felicité.

F I N.